Gestão do capital de giro

ECONOMIA E FINANÇAS

Gestão do capital de giro

José de Oliveira Guimarães
Diego Ozorio

Copyright © 2018 José de Oliveira Guimarães; Diego Ozorio

Direitos desta edição reservados à
EDITORA FGV
Rua Jornalista Orlando Dantas, 37
22231-010 – Rio de Janeiro, RJ – Brasil
Tels.: 0800-021-7777 – 21-3799-4427
Fax: 21-3799-4430
editora@fgv.br – pedidoseditora@fgv.br
www.fgv.br/editora

Impresso no Brasil / *Printed in Brazil*

Todos os direitos reservados. A reprodução não autorizada desta publicação, no todo ou em parte, constitui violação do copyright (Lei nº 9.610/98).

Os conceitos emitidos neste livro são de inteira responsabilidade dos autores.

1ª edição – 2018; 1ª reimpressão – 2021.

PREPARAÇÃO DE ORIGINAIS: Sandra Frank
EDITORAÇÃO ELETRÔNICA: Abreu's System
REVISÃO: Aleidis de Beltran | Fatima Caroni
CAPA: aspecto:design

Ficha catalográfica elaborada pela Biblioteca Mario Henrique Simonsen/FGV

Guimarães, José de Oliveira
 Gestão do capital de giro / José de Oliveira Guimarães, Diego Ozorio. – Rio de Janeiro: FGV Editora, 2018.
 152 p. – (Economia e finanças (FGV Management))

 Inclui bibliografia.
 ISBN: 978-85-225-1980-4

 1. Capital de giro – administração. 2. Capital de giro – financiamento. 3. Fluxo de caixa. 4. Administração financeira. I. Ozorio, Diego. II. Fundação Getulio Vargas. III. FGV Management. IV. Série.

CDD – 658.15244

Aos nossos alunos e aos nossos colegas docentes, que nos levam a pensar e repensar nossas práticas.

Sumário

Apresentação	9
Introdução	13

1 | Gestão do capital de giro — 17

Origem do termo "capital de giro"	17
Principais demonstrativos financeiros	19
Financiamento das operações e capital circulante líquido (CCL)	26
Os investimentos em necessidade de capital de giro (NCG)	28
Saldo de tesouraria (ST)	32
Efeito "tesoura" de Fleuriet	34
Overtrade: o efeito tesoura levando à insolvência	36
Resumo do capítulo	39

2 | Análise e dimensionamento do capital de giro — 41

Conflitos entre risco e retorno na gestão do capital de giro	41
Índices de liquidez e a análise do financiamento do capital de giro	44
Análise dos investimentos em capital de giro, prazos médios e ciclos	47
Análise e dimensionamento do financiamento e investimento em capital de giro	61
Resumo do capítulo	65

3 | O orçamento de caixa e a gestão de tesouraria 71
   O método indireto de orçamentação e o fluxo de caixa 71
   Gestão de tesouraria 79
   Gestão de tesouraria e mercado financeiro 91
   Resumo do capítulo 105

4 | Estratégias operacionais de capital de giro 107
   Gestão de crédito e de recebíveis 107
   Gestão de estoques 119
   Gestão de compras 136
   Resumo do capítulo e estratégias combinadas
   de compras e vendas 139

Conclusão 141
Referências 147
Autores 149

Apresentação

Este livro compõe as Publicações FGV Management, programa de educação continuada da Fundação Getulio Vargas (FGV).

A FGV é uma instituição de direito privado, com mais de meio século de existência, gerando conhecimento por meio da pesquisa, transmitindo informações e formando habilidades por meio da educação, prestando assistência técnica às organizações e contribuindo para um Brasil sustentável e competitivo no cenário internacional.

A estrutura acadêmica da FGV é composta por nove escolas e institutos, a saber: Escola Brasileira de Administração Pública e de Empresas (Ebape), dirigida pelo professor Flavio Carvalho de Vasconcelos; Escola de Administração de Empresas de São Paulo (Eaesp), dirigida pelo professor Luiz Artur Ledur Brito; Escola de Pós-Graduação em Economia (EPGE), dirigida pelo professor Rubens Penha Cysne; Centro de Pesquisa e Documentação de História Contemporânea do Brasil (Cpdoc), dirigido pelo professor Celso Castro; Escola de Direito de São Paulo (Direito GV), dirigida pelo professor Oscar Vilhena Vieira; Escola de Direito do Rio de Janeiro (Direito Rio), dirigida pelo professor Sérgio Guerra; Escola de Economia de São Paulo (Eesp), dirigida pelo professor Yoshiaki Nakano; Instituto Brasileiro de Economia (Ibre), dirigido pelo professor Luiz Guilherme Schymura de Oliveira; e Escola de Matemática Aplicada (Emap), dirigida pela professora Maria Izabel Tavares Gramacho. São diversas unidades com a marca FGV, trabalhando com a mesma filosofia: gerar e disseminar o conhecimento pelo país.

Dentro de suas áreas específicas de conhecimento, cada escola é responsável pela criação e elaboração dos cursos oferecidos pelo Instituto de Desenvolvimento Educacional (IDE), criado em 2003, com o objetivo de coordenar e gerenciar uma rede de distribuição única para os produtos e serviços educacionais produzidos pela FGV, por meio de suas escolas. Dirigido pelo professor Rubens Mario Alberto Wachholz, o IDE conta com a Direção de Gestão Acadêmica (DGA), pelo professor Gerson Lachtermacher, com a Direção da Rede Management pelo professor Silvio Roberto Badenes de Gouvea, com a Direção dos Cursos Corporativos pelo professor Luiz Ernesto Migliora, com a Direção dos Núcleos MGM Brasília, Rio de Janeiro e São Paulo pelo professor Paulo Mattos de Lemos, com a Direção das Soluções Educacionais pela professora Mary Kimiko Magalhães Guimarães Murashima. O IDE engloba o programa FGV Management e sua rede conveniada, distribuída em todo o país e, por meio de seus programas, desenvolve soluções em educação presencial e a distância e em treinamento corporativo customizado, prestando apoio efetivo à rede FGV, de acordo com os padrões de excelência da instituição.

Este livro representa mais um esforço da FGV em socializar seu aprendizado e suas conquistas. Ele é escrito por professores do FGV Management, profissionais de reconhecida competência acadêmica e prática, o que torna possível atender às demandas do mercado, tendo como suporte sólida fundamentação teórica.

A FGV espera, com mais essa iniciativa, oferecer a estudantes, gestores, técnicos e a todos aqueles que têm internalizado o conceito de educação continuada, tão relevante na era do conhecimento na qual se vive, insumos que, agregados às suas práticas, possam contribuir para sua especialização, atualização e aperfeiçoamento.

Rubens Mario Alberto Wachholz
Diretor do Instituto de Desenvolvimento Educacional

Sylvia Constant Vergara
Coordenadora das Publicações FGV Management

Introdução

Independentemente do porte e segmento de atuação, uma empresa que enfrenta dificuldades financeiras acaba correndo o risco de insolvência. Torna-se insolvente quando não consegue cumprir com todos os seus compromissos financeiros. Diversos motivos podem levar uma empresa à insolvência, entre os quais podemos destacar: erro na formação de preço, fracasso nos investimentos, falta de controle, endividamento excessivo, estratégias mercadológicas equivocadas e mesmo fatores externos, como crises econômicas, aumento na concorrência, mudanças no ambiente regulatório e no degrau tecnológico da indústria.

Empresas orientadas para resultado devem acompanhar periodicamente sua situação econômico-financeira como forma de melhorar seu desempenho e/ou minimizar risco de insolvência. Contudo, no caso de se encontrarem em dificuldades financeiras, esse diagnóstico se torna vital por apontar a origem, ou origens, desse desequilíbrio, melhorando as chances de êxito em um processo de revitalização.

Normalmente cobrindo a metade dos investimentos da empresa, as contas que compõem o capital de giro são a chave para encontrar o equilíbrio financeiro, havendo fortes evidências de que os equívocos na sua gestão resultam em sérios problemas de capacidade de pagamento. Compreendendo as variáveis que interferem no capital de giro, os gestores poderão contribuir para o bom desempenho econômico e equilíbrio financeiro da empresa.

Contudo, as constantes mudanças nos cenários econômicos, disputas por fatias de mercado, exigibilidade de retorno por parte de investidores, entre outros fatores, têm aumentado o interesse pelo desenvolvimento de ferramentas que auxiliem as empresas no controle de sua liquidez. A gestão do capital de giro busca compreender essas questões em toda a sua extensão e definir soluções que tragam equilíbrio financeiro às empresas.

O objetivo deste livro é fornecer instrumentos que permitam a implantação de políticas para gestão do capital de giro de uma empresa, bem como possíveis revisões das políticas já adotadas. Assim, os gestores poderão programar ações que encontrem equilíbrio entre o desempenho econômico e o financeiro.

O livro está dividido em quatro capítulos. No primeiro, abordamos os principais conceitos que permeiam a gestão do capital de giro. Definimos o que são investimentos em capital de giro, bem como as estratégias adotadas pelas empresas para seu financiamento. Da combinação entre estratégias de investimento e financiamento, temos o efeito tesoura, síndrome que provoca o desequilíbrio financeiro da empresa.

No segundo capítulo, são apresentadas métricas utilizadas na análise, revisão e acompanhamento das estratégias de investimento e financiamento do capital do giro.

No terceiro capítulo, abordamos as metodologias que permitem o controle futuro da liquidez e os principais instrumentos aplicados à gestão de tesouraria, "fatores-chave" para a manutenção da solvabilidade da empresa.

No quarto capítulo, tratamos das estratégias operacionais de gestão de recebíveis, estoques e compras, necessárias ao controle dos investimentos de capital de giro. Esse entendimento é fundamental para que elaboremos planos de ação que tragam equilíbrio entre a lucratividade e a liquidez, evitando, assim, o efeito tesoura por meio do controle dos investimentos em capital de giro.

1
Gestão do capital de giro

Neste capítulo, apresentamos os principais conceitos de capital de giro. Para conceituar diferenças entre financiamentos e investimentos das atividades de curto prazo da empresa, iniciaremos realizando um breve esclarecimento dos principais demonstrativos financeiros. Classificando os demonstrativos financeiros, apresentamos os conceitos de capital circulante líquido (CCL) e necessidade de capital de giro (NCG). Pela diferença entre CCL e NCG determinamos o saldo de tesouraria (ST) e vemos como empresas podem tornar-se insolventes pelo excesso de tesouraria negativa, fenômeno conhecido como *overtrade*.

Origem do termo "capital de giro"

O termo "capital de giro" tem origem nos antigos mascates ianques, que carregavam suas carroças com mercadorias e percorriam rotas vendendo seus artigos. A carroça e o cavalo eram financiados com capital próprio, compondo os ativos fixos dos mascates. As mercadorias adquiridas pelos mascates eram pagas à vista ao fornecedor e passaram a ser conhecidas como capital de giro (*working capital*), pois era o que os mascates vendiam (giravam) para obter lucro. O capital para a compra das mercadorias era financiado por bancos e chamado de empréstimo para capital de giro, que deveria ser saldado ao fim de cada viagem, mantendo assim a continuidade do crédito. Percebe-se, já naquela época, que o capital de giro representava um elemento importante para a economia por ser o recurso necessário ao financiamento das atividades operacionais, dando continuidade aos negócios.

Independentemente de sua missão, as operações de uma empresa incluem atividades de rotina repetidas em ciclos, compreendendo: a compra de estoques, transformação desses em vendas, das vendas em caixa, recursos esses que serão utilizados para o pagamento dos fornecedores. A gestão do capital de giro contempla esses elementos operacionais de rotina que formam os investimentos e financiamentos das atividades. A figura 1 retrata o movimento em ciclos dos capitais investidos nas atividades operacionais da empresa.

Figura 1
Políticas operacionais de curto prazo e gestão de capital de giro

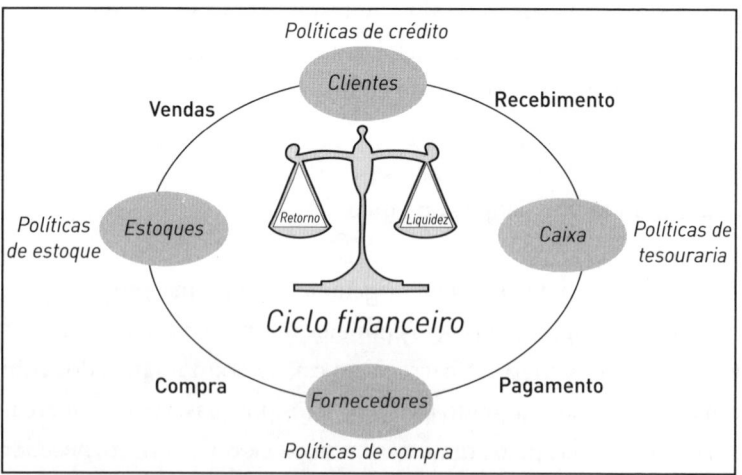

Assim, como visto na figura 1, o processo repetido em ciclos envolvendo aquisição de mercadorias, investimentos em estoques, vendas e recebimento dos clientes que viram caixa, recursos esses utilizados no pagamento daqueles que forneceram as mercadorias, é essencial para que a empresa obtenha receita, lucros e caixa.

Maiores investimentos em clientes, estoques e caixa tendem a melhorar a capacidade de reação da empresa às demandas dos clientes, incrementando receitas e lucros. Menor dependência de financiamento de fornecedores conduz a uma redução de custos de aquisição dos insumos/produtos e aumenta a lucratividade. Contudo, a combinação de maiores investimentos e menores financiamentos operacionais afeta negativamente a liquidez da empresa, gera desequilíbrio financeiro. Neste capítulo, apresentaremos as definições para investimento e financiamento do capital de giro, fundamentais para a adoção de políticas que encontrem o equilíbrio em lucro e liquidez.

Iniciaremos a exposição com os principais demonstrativos financeiros de uma empresa: balanço patrimonial (BP) e demonstração de resultado do exercício (DRE). Partindo dos demonstrativos financeiros, apresentaremos conceitos de investimentos em necessidade de capital de giro (NCG) e a forma como tais recursos são financiados, calculados pelo capital circulante líquido (CCL). Veremos ainda que a diferença entre CCL e NCG nos leva ao saldo tesouraria (ST). Por fim, entenderemos como a evolução dessas contas impacta o risco de insolvência da empresa.

Principais demonstrativos financeiros

A contabilidade financeira é uma metodologia concebida para captar, registrar, acumular, resumir e interpretar os fenômenos que afetam as situações patrimonial, financeira e econômica de uma empresa. As demonstrações financeiras apuram, principalmente, os resultados das operações da organização e fornecem os dados da empresa, que devem ser trabalhados e transformados em informações que possibilitem a tomada de decisão empresarial. Assim, as informações contidas nos demonstrativos financeiros estão para o tomador de decisão como um painel de controle está para um piloto.

As principais demonstrações financeiras de uma empresa são o balanço patrimonial (BP) e a demonstração do resultado do exercício (DRE). No BP encontramos uma síntese dos bens, direitos e obrigações da empresa, enquanto a DRE mensura o resultado econômico da atividade empresarial.

Balanço patrimonial (BP)

O balanço patrimonial é um demonstrativo estático e ordenado dos saldos de todas as contas patrimoniais da empresa, no momento do encerramento de determinado período. As contas patrimoniais são classificadas entre ativos, passivos e patrimônio líquido. Nas contas dos ativos identificamos onde a empresa tem investido seus recursos, e no passivo e patrimônio líquido, a forma como os tem financiado. Os ativos, passivos e patrimônio líquido são apresentados conforme o quadro 1, respeitando uma ordem de liquidez no lado esquerdo (maior para menor) e de exigibilidade no passivo (mais próxima do vencimento da obrigação para menos próxima) de modo a facilitar a compreensão da situação econômico-financeira da empresa.

As contas de ativos e passivos circulantes dizem respeito aos recursos com previsão de conversão em caixa e liquidação, respectivamente dentro do horizonte temporal de até um ano. As demais contas têm prazo de conversão superior a um ano, ou mesmo têm natureza permanente, e são classificadas como ativos e passivos de longo prazo. O quadro 2 apresenta um exemplo de balanço patrimonial em determinado momento.

Quadro 1
Principais contas do balanço patrimonial

Ativos circulantes • Disponibilidades • Contas a receber • Estoques • Outros ativos circulantes	Passivos circulantes • Empréstimos e financiamentos • Fornecedores • Salários e encargos trabalhistas • Impostos a pagar • Outros passivos circulantes
Ativos não circulantes • Investimentos • Imobilizado • Intangível	Passivos não circulantes • Financiamentos de longo prazo
	Patrimônio líquido • Capital social • Resultados acumulados

Quadro 2
Exemplo de balanço patrimonial

Ativo		Passivo + patrimônio líquido	
Ativos circulantes		**Passivos circulantes**	
Disponibilidades	$ 100	Empréstimos	$ 100
Contas a receber	$ 300	Fornecedores	$ 200
Estoques	$ 100	Salários e encargos	$ 30
Total	$ 500	Impostos e contribuições	$ 20
		Total	$ 350
Ativos não circulantes		**Passivos não circulantes**	
Imobilizado	$ 500	Financiamentos	$ 300
Total	$ 500	Total	$ 300
		Patrimônio líquido	
		Capital social	$ 200
		Resultados acumulados	$ 150
		Total	$ 350
Ativo total	**$ 1.000**	**Passivo total**	**$ 1.000**

Considerando o exemplo apresentado no balanço patrimonial do quadro 2, observamos que a empresa possui metade de seus recursos (50% de $ 1.000) investidos em ativos circulantes. A outra metade em ativos não circulantes. Podemos ainda observar que a empresa financia 35% das operações com recursos de curto prazo ($ 350 de um total de $ 1.000) e o restante com vencimentos de longo prazo e capital próprio (patrimônio líquido).

Demonstração de resultado do exercício

A demonstração do resultado do exercício (DRE) é a peça contábil que procura demonstrar o resultado das operações sociais e determinar o lucro líquido do exercício. Ou seja, o lucro é a parcela do resultado que, efetivamente, pertence aos sócios. O quadro 3 apresenta as principais contas que compõem a DRE de uma empresa.

Quadro 3
Principais contas da DRE

Estrutura da demonstração de resultado do exercício
Receita bruta
(-) Deduções da receita
(=) Receita líquida
(-) Custo produto/mercadoria/serviço vendido
(=) Lucro bruto
(-) Despesas comerciais
(-) Despesas administrativas
(+/-) Outras despesas/receitas operacionais
(=) Resultado operacional
(+/-) Despesas/receitas financeiras
(+/-) Despesas/receitas não operacionais
(=) Lucro antes de imposto de renda e contribuição social
(-) Imposto de renda e contribuição social
(=) Lucro líquido

As receitas são o resultado das vendas de produtos e/ou serviços. Deduções são dispêndios que reduzem a receita bruta, tais como impostos diretos, devoluções, entre outros. Custos são gastos relativos à aquisição/transformação dos produtos/insumos e/ou serviços prestados. Despesas operacionais, como comerciais e administrativas, são gastos que a empresa tem com atividades de apoio à operação, tais como departamentos de vendas e financeiro, pessoal etc. Despesas/receitas financeiras correspondem a juros pagos pela captação de recursos onerosos (empréstimos, financiamentos etc.) e juros recebidos por empréstimos ou eventual cobrança de multas. Despesas/receitas não operacionais são perdas/ganhos vinculadas à alienação de ativos não circulantes, ou seja, venda de ativos por um valor inferior/superior àquele estipulado no balanço patrimonial. Imposto de renda e contribuição social são as provisões que a empresa fará para o pagamento de tributos. O quadro 4 apresenta exemplo de DRE.

Quadro 4
DRE no ano 0 (exemplo)

Demonstração de resultado do exercício	
Receita	1.200
(-) Custo	(600)
(=) Lucro bruto	600
(-) Despesas operacionais	(360)
(=) Resultado operacional	240
(-) Despesas financeiras	(60)
(=) Lucro antes de imposto de renda e contribuição social	180
(-) Imposto de renda	(60)
(=) Lucro líquido	120

Considerando o exemplo de DRE no quadro 4, observamos que ao longo deste período a empresa obteve receitas totais de $ 1.200 (média de $ 100, ao mês), custos totais de $ 600, enquanto as despesas operacionais foram de $ 360, e lucro líquido de $ 120.

Análise combinada dos demonstrativos financeiros

Pela análise combinada dos demonstrativos financeiros, BP e DRE, poderemos ainda observar outros importantes conceitos: origem, aplicação e retorno dos investidores.

- *Origem e aplicação.* Origens são correspondentes aos passivos e patrimônio líquido, entradas de bens, dinheiro, ou mesmo créditos concedidos pelos investidores da empresa: sócios, instituições financeiras, fornecedores, governo etc. Os recursos captados pela empresa serão aplicados em seus ativos (circulantes e não circulantes).
- *Retorno para investidores.* Os ativos, por sua vez, produzem receitas, que serão deduzidas de custos, despesas (operacionais e financeiras) e impostos, produzindo assim determinado resultado, lucro ou prejuízo. Custos e despesas operacionais são os recursos destinados a recompensar os fornecedores, funcionários e demais colaboradores. Os impostos remuneram os governos. Despesas financeiras constituem o retorno pelos empréstimos e financiamentos concedidos à empresa. O lucro líquido, por definição, é a parcela destinada aos sócios para ser reinvestida e/ou distribuída como dividendos.

A figura 2 faz alusão ao conceito de origem, aplicação e retorno para os investidores.

Baseado nos exemplos de balanço patrimonial e demonstração de resultado do exercício apresentados nos quadros 2 e 4, observaremos na figura 3, que os investimentos em ativos totais de $ 1.000 produziram receitas de $ 1.200. Esses recursos foram em parte financiados pelos sócios (patrimônio líquido de $ 350), que obtiveram como retorno um lucro líquido de $ 120.

Figura 2
Relação entre origem, aplicação e retorno para investidores

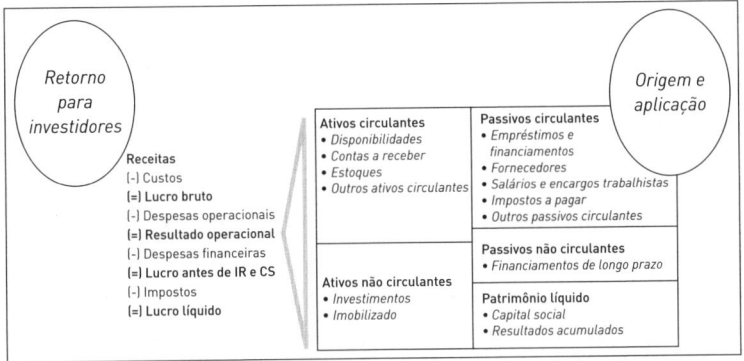

Figura 3
Análise combinada das demonstrações financeiras

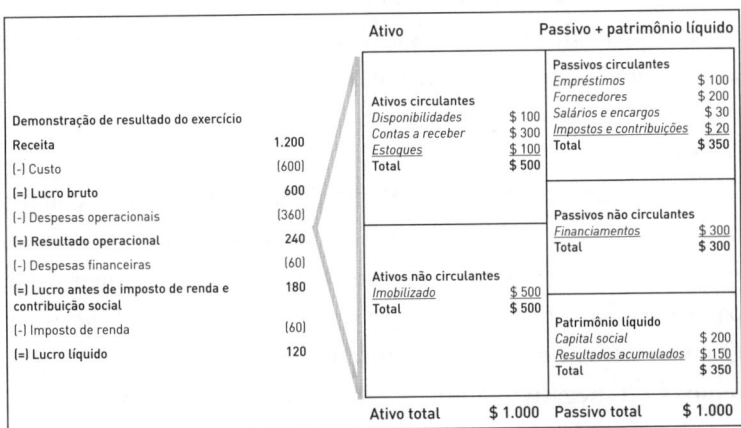

A análise combinada dos demonstrativos financeiros evidencia a performance econômica e financeira da empresa, tornando-se um instrumento-chave para que empreendedores e gestores avaliem sua situação atual e recomendem os ajustes necessários. Os demonstrativos financeiros apresentados nos quadros 2, 4 e na figura 3 serão revisitados ao longo de todo o livro, facilitando a compreensão de diversos aspectos relevantes para a gestão do capital de giro.

Financiamento das operações e capital circulante líquido (CCL)

Na literatura financeira convencionou-se denominar "curto prazo" o período inferior a um ano. O gerenciamento do capital de giro envolve solucionar as questões relacionadas aos ativos e passivos circulantes, ou seja, investimentos e financiamentos que vencem em até um ano.

O montante de recursos aportados nos ativos circulantes (disponibilidades, contas a receber, estoques etc.) corresponde ao volume de investimentos necessários ao giro das operações. Em parte, ou na sua totalidade, os recursos investidos nos ativos circulantes são financiados pelos passivos circulantes, ou seja, pagamentos que a empresa deve liquidar no prazo de até um ano a contar da data do relatório BP.

Assim, conceituamos capital circulante líquido (CCL) como a diferença entre os ativos e passivos circulantes. Quando os volumes investidos em ativos circulantes superam os financiamentos de passivos circulantes, dizemos que a empresa possui CCL positivo. Quando ativos circulantes são inferiores aos passivos circulantes, temos CCL negativo. A figura 4 apresenta as principais contas do BP, classificando-as entre de curto (ou seja, circulante) e longo prazos (ou seja, não circulante e PL). Assim, a figura revela o cálculo do CCL pela diferença entre ativos e passivos circulantes.

Outro caminho para determinar o CCL é calculá-lo pela diferença entre passivos não circulantes e patrimônio líquido e ativos não circulantes. Embora matematicamente iguais, a segunda expressão revela o conceito para capital circulante líquido: mon-

Figura 4
Capital circulante líquido e as contas de curto e longo prazos

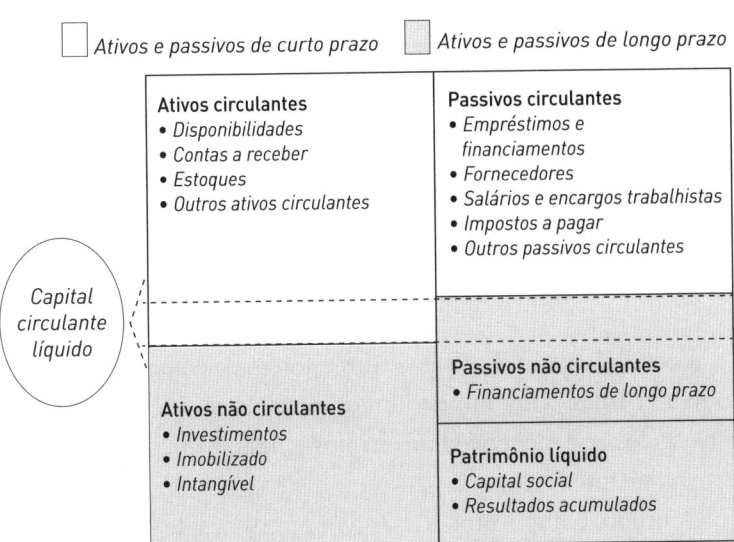

tante de recursos de longo prazo destinados ao financiamento das atividades de curto prazo. Ou seja, o CCL revela a forma como a empresa financia suas atividades de curto prazo. Lembre-se de que definimos ativos circulantes como investimentos de curto prazo. A presença de um CCL positivo indica que ao menos parte dos investimentos de curto prazo está sendo financiada por recursos de longo prazo.

A administração do capital de giro busca garantir condições adequadas de liquidez para que a empresa maximize seu retorno e minimize o risco de insolvência. A presença de CCL positivo aparentemente reduz o risco de insolvência da empresa, quando comparada à situação de CCL negativo. O quadro 5 apresenta três diferentes estruturas patrimoniais quanto à condição de risco de insolvência: baixo, neutro e alto risco.

Quadro 5
Capital circulante líquido e o risco de insolvência

Estrutura patrimonial – baixo risco		Estrutura patrimonial – neutro risco		Estrutura patrimonial – alto risco	
Ativos circulantes $ 500	Passivos circulantes $ 350	Ativos circulantes $ 500	Passivos circulantes $ 500	Ativos circulantes $ 500	Passivos circulantes $ 650
	Passivos não circulantes $ 300		Passivos não circulantes $ 150		
Ativos não circulantes $ 500		Ativos não circulantes $ 500		Ativos não circulantes $ 500	
	Patrimônio líquido $ 350		Patrimônio líquido $ 350		Patrimônio líquido $ 350
Ativo total $ 1.000 Passivo total $ 1.000		Ativo total $ 1.000 Passivo total $ 1.000		Ativo total $ 1.000 Passivo total $ 1.000	

A condição de CCL depende dos esforços da empresa em buscar fontes de financiamento de longo prazo. Esses recursos podem ser obtidos por meio de empréstimos e financiamentos, ou ainda com os sócios.

Contudo, é importante frisar que a presença de CCL positivo isoladamente não garante solvabilidade e liquidez, dependendo ainda de outras variáveis, como prazos de recebimento e pagamento, giro de estoques, renovação de dívidas etc.

Os investimentos em necessidade de capital de giro (NCG)

Para atingir seus objetivos, empresas são obrigadas a obter recursos mínimos para suprir os investimentos em capital de giro. A esse "montante mínimo" de recursos necessários que garante o fluxo de compra, transformação, vendas, recebimentos e pagamentos dá-se o nome de necessidade de capital de giro (NCG). Conhecendo a natureza das contas que formam a NCG, é possível planejar a forma como tais recursos serão financiados.

Para calcularmos a NCG, precisaremos reclassificar as contas de ativos e passivos circulantes, entre as de natureza financeira e operacional. Assim, dividiremos as contas do ativo circulante em dois tipos: ativos circulantes financeiros (ACF) e ativos circulantes operacionais (ACO). ACF são disponibilidades e aplicações financeiras, ou seja, investimentos de maior liquidez. ACO são as contas de natureza operacional, influenciadas diretamente pela atividade de compra, transformação e vendas, tais como: estoques e contas a receber. No caso dos passivos circulantes, as contas de natureza financeira, passivos circulantes financeiros (PCF), contemplam os empréstimos e financiamentos com liquidação em até um ano a contar da data do BP. Os passivos circulantes de natureza operacional (PCO) são os financiamentos obtidos pelo processo de aquisição de insumos/produtos, compromissos com colaboradores e governos, tais como fornecedores, encargos e salários e impostos a pagar. Observemos que PCO constitui fontes de financiamento de natureza não onerosa (sem encargo financeiro), diferentemente de PCF e capitais dos sócios, nos quais teremos expectativas de rendimentos associados.

A NCG é a diferença entre ACO e PCO. Observe, caro leitor, que o cálculo da NCG parte apenas dos elementos operacionais que envolvem o ciclo de compra, transformação, venda, recebimento e pagamento. Assim, a NCG revela o mínimo necessário de capital investido para financiar as atividades operacionais de curto prazo.

ACO maior que PCO é a situação normal na maioria das empresas, havendo necessidade de investimentos em capital de giro (NCG > 0). Nesse caso a empresa precisará recorrer a fontes onerosas de financiamento com sócios e dívidas (PCF) para suportar sua atividade. O quadro 6 apresenta o cálculo da NCG em condições nas quais ACO > PCO.

Quando ACO é igual a PCO, a necessidade de capital de giro é igual a zero (NCG = 0) e a empresa não necessita de recursos para suportar o giro das operações. O quadro 7 apresenta o cálculo da NCG, em condições nas quais ACO é igual a PCO.

Quadro 6
Necessidade de capital de giro positiva

Ativos circulantes	**Passivos circulantes**	
	Empréstimos $ 100	
Disponibilidades $ 100	Fornecedores $ 200	PCO
ACO — Contas a receber $ 300	Salários e encargos $ 30	$ 250
$ 400 — Estoques $ 100	Impostos e contribuições $ 20	
	Passivos não circulantes	
	Financiamentos $ 300	
Ativos não circulantes		
Imobilizado $ 500	**Patrimônio líquido**	
	Capital social $ 200	
	Resultados acumulados $ 150	

NCG = **ACO − PCO** = $ 400 − $ 250 = $ 150

Quadro 7
Necessidade de capital de giro igual a zero

Ativos circulantes	**Passivos circulantes**	
	Empréstimos $ 100	
Disponibilidades $ 100	Fornecedores $ 350	PCO
ACO — Contas a receber $ 300	Salários e encargos $ 30	$ 400
$ 400 — Estoques $ 100	Impostos e contribuições $ 20	
	Passivos não circulantes	
	Financiamentos $ 150	
Ativos não circulantes		
Imobilizado $ 500	**Patrimônio líquido**	
	Capital social $ 200	
	Resultados acumulados $ 150	

NCG = **ACO − PCO** = $ 400 − $ 400 = $ 0

ACO menor que PCO (NCG < 0) é a situação em que a empresa tem excedentes de financiamentos operacionais. Esses recursos serão utilizados para investimentos em outros ativos da empresa, tais como ativos circulantes financeiros (ACF) ou ativos não circulantes. O quadro 8 apresenta a NCG em condições nas quais ACO é menor que PCO.

Quadro 8
Necessidade de capital de giro negativa

ACO $ 400	**Ativos circulantes** Disponibilidades $ 100 Contas a receber $ 300 Estoques $ 100	**Passivos circulantes** Empréstimos $ 100 Fornecedores $ 500 Salários e encargos $ 30 Impostos e contribuições $ 20	PCO $ 550
	Ativos não circulantes Imobilizado $ 500	**Patrimônio líquido** Capital social $ 200 Resultados acumulados $ 150	

NCG = ACO − PCO = $ 400 − $ 550 = $ -150

Os exemplos apresentados nos quadros 6, 7 e 8 revelam três estimativas para os saldos de NCG. Observe, contudo, que, a situação mais comum é apresentada no quadro 6, em que os investimentos em ativos circulantes operacionais (ACO) superam o volume de financiamentos por passivos circulantes operacionais (PCO), precisando ser parcialmente financiados por recursos oriundos de fontes onerosas (dívidas e recursos dos sócios).

Saldo de tesouraria (ST)

Os itens que compõem os ativos circulantes financeiros (ACF) e passivos circulantes financeiros (PCF) recebem o nome de contas de tesouraria. Conforme classificações apresentadas na seção "Financiamento das operações e capital circulante líquido (CCL)", os ACF são as disponibilidades, bancos e aplicações financeiras, correspondentes aos investimentos mais líquidos da empresa, enquanto PCF contemplam as dívidas onerosas tais como empréstimos e financiamentos com vencimento em até um ano a contar da data do BP. O saldo de tesouraria (ST) pode ser encontrado pela diferença entre ACF (ativos circulantes financeiros) e PCF (passivos circulantes financeiros). O quadro 9 apresenta o cálculo dos saldos de tesouraria por meio da diferença entre ACF e PCF.

Quadro 9
Cálculo do saldo de tesouraria

ACF $ 100	Ativos circulantes		Passivos circulantes		PCF $ 100
	Disponibilidades	$ 100	Empréstimos	$ 100	
	Contas a receber	$ 300	Fornecedores	$ 200	
	Estoques	$ 100	Salários e encargos	$ 30	
			Impostos e contribuições	$ 20	
			Passivos não circulantes		
			Financiamentos	$ 300	
	Ativos não circulantes				
	Imobilizado	$ 500	**Patrimônio líquido**		
			Capital social	$ 200	
			Resultados acumulados	$ 150	

ST = **ACF** − **PCF** = $ 100 − $ 100 = $ 0

A presença de um saldo de tesouraria positivo (ST = ACF > PCF) indica que o volume de recursos investidos em ACF supera o saldo de financiamentos por PCF. O saldo de tesouraria positivo indica que a empresa tem uma folga financeira, o que reduz seu risco de insolvência se comparado com a situação de saldo de tesouraria negativo, por exemplo. O quadro 10 associa os saldos de tesouraria aos níveis de risco de solvabilidade da empresa.

Quadro 10
Saldo de tesouraria e o risco de insolvência

Saldo de tesouraria	ACF × PCF	Risco de insolvência
Positivo	ACF > PCF	Baixo
Zero	ACF = PCF	Neutro
Negativo	ACF < PCF	Alto

Observe, leitor, que as contas de tesouraria (ACF e PCF) acabam tendo vínculo maior com as políticas da empresa em assumir riscos de insolvência. Contudo, existem fortes evidências da vulnerabilidade financeira de empresas com ST negativo, em particular quando estão em condições de crescimentos expressivos da necessidade de capital de giro (NCG), com restrição a recursos de longo prazo.

Uma segunda alternativa para estimar o ST é obtida pela diferença entre o CCL e a NCG. Apesar de apresentar resultados matematicamente idênticos, essa segunda versão para cálculo do ST nos ajudará a entender o efeito tesoura, apresentado na próxima seção. O quadro 11 apresenta o cálculo do saldo de tesouraria (ST) segundo fórmula proposta. Observe, caro leitor, que o resultado obtido é o mesmo encontrado na forma de cálculo para saldo de tesouraria apresentada no quadro 9.

Quadro 11
Saldo de tesouraria pela diferença entre CCL e NCG

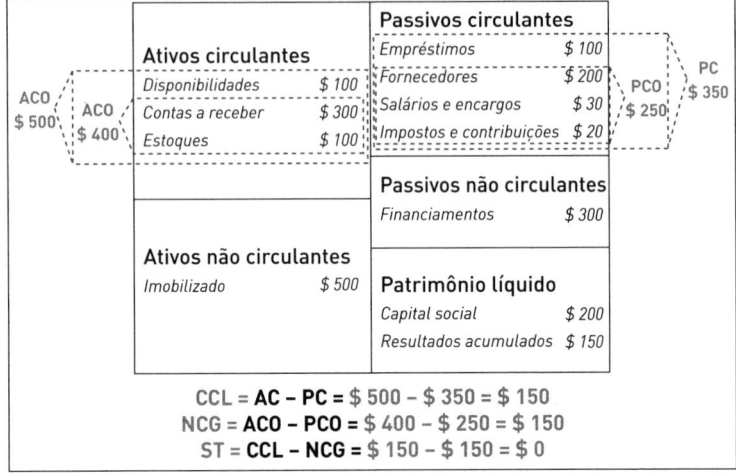

Efeito "tesoura" de Fleuriet

Diversos motivos podem levar uma empresa à insolvência, entre eles o efeito tesoura. O conceito de efeito tesoura é caracterizado pelo desequilíbrio financeiro provocado pelo descasamento entre os crescimentos da NCG e do CCL. Para entendermos o efeito tesoura, precisaremos recordar as definições de CCL e NCG, apresentadas neste capítulo.

Definimos capital circulante líquido (CCL) como a diferença entre ativos circulantes e passivos circulantes. A interpretação do CCL remete à forma como a empresa financia suas atividades de curto prazo: com ou sem recursos de longo prazo. Ou seja, quanto mais positivo o CCL, maior o volume nominal de recurso de longo prazo financiando os investimentos de curto prazo. Quando o CCL é negativo, a empresa financia todo o seu ativo circulante e parte de seus investimentos de longo prazo com recursos de curto prazo.

Concluímos ainda que a manutenção de CCL positivo resulta dos esforços da empresa em captar recursos de longo prazo.

A necessidade de capital de giro (NCG) revela o montante de investimentos que suporta a operação (ciclo compra/transformação/venda/pagamento). Os recursos necessários para financiar tais investimentos têm origem na captação de recursos onerosos: dívidas e sócios.

O saldo de tesouraria (ST), por sua vez, corresponde à diferença entre o CCL e a NCG. Consequentemente, o ST acaba sendo influenciado pela evolução dessas duas contas. Numa situação na qual o crescimento dos investimentos em NCG supera o crescimento dos financiamentos de longo prazo medido pelo CCL, a empresa pode enfrentar desequilíbrio financeiro. A esse fenômeno damos o nome de "efeito tesoura", que pode levar uma empresa à condição de insolvência pelo excesso de ST negativo. A expressão "efeito tesoura" corresponde à representação gráfica da situação aqui exposta, conforme a figura 5.

Figura 5
Efeito tesoura

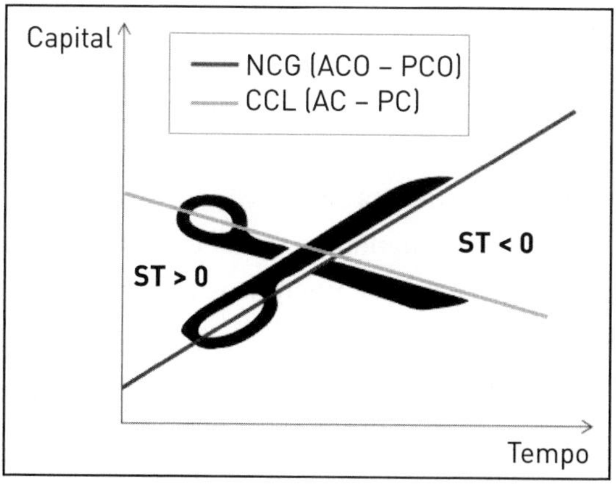

Existem diversos motivos para que uma empresa enfrente o efeito tesoura, mas podemos dividi-los em dois grupos: aqueles que afetam o crescimento da NCG e os que reduzem o CCL.

O crescimento de investimentos em NCG é o resultado dos esforços da empresa em gerenciar seus investimentos em estoques e recebíveis (ACO) e financiar suas operações por meio de créditos dos fornecedores, salários e impostos a pagar (PCO).

O crescimento do CCL é afetado pelas políticas da empresa em manter ou não as atividades financiadas com recursos de longo prazo. Destacamos os esforços continuados na captação de recursos de longo prazo, bem como a adoção de políticas de distribuição de dividendos coerentes com a geração de caixa da empresa.

Overtrade: o efeito tesoura levando à insolvência

O termo *overtrade* significa fazer negócios acima da capacidade de financiamento da NCG. O *overtrade* normalmente ocorre quando o crescimento da NCG supera o crescimento do CCL por vários exercícios seguidos. A empresa passa a financiar a maior parte da NCG por meio de créditos de curto prazo, não renováveis, levando a um ST cada vez mais negativo. À medida que os investimentos em NCG vão sendo financiados por dívidas de curto prazo, ocorre um aumento gradual na diferença entre a NCG e o CCL, agravando o efeito tesoura até atingir a situação do *overtrade*. Na prática, o *overtrade* se configura quando as instituições financeiras passam a não conceder novos financiamentos para a empresa. A figura 6 faz alusão ao *overtrade*: momento no qual o efeito tesoura provoca a insolvência da empresa.

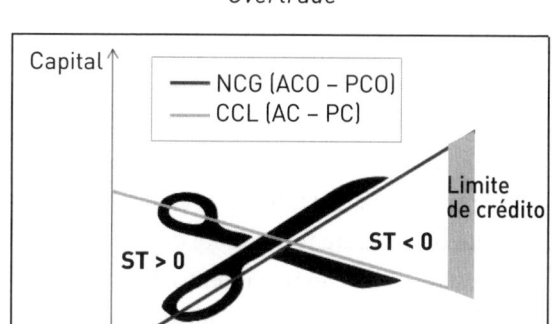

Figura 6
Overtrade

[Figura 6: gráfico Capital × Tempo mostrando NCG (ACO – PCO) e CCL (AC – PC) formando uma figura de tesoura, com região ST > 0 à esquerda e ST < 0 à direita, indicando Limite de crédito]

A manutenção da solvabilidade de uma empresa implica o controle da relação entre CCL e NCG, de forma a preservar um ST em patamares aceitáveis. Essa tarefa não é fácil, uma vez que os demais departamentos da empresa normalmente são "seduzidos" a atingir metas de vendas, negociar descontos com fornecedores para pagamento à vista, manter níveis de estoques que garantam a produção, além do interesse dos proprietários em sacar seus dividendos.

A liquidez da empresa ainda sofre com a própria sazonalidade dos negócios que, em determinadas épocas do ano, podem promover a expansão dos investimentos em NCG. Nessas ocasiões, o ST poderá manter-se negativo, obrigando à captação de dívidas de curto prazo que atendam às necessidades temporárias da empresa. Contudo, quando ST negativo configura uma situação permanente, ou ainda o ST se torna cronicamente negativo, a empresa pode enfrentar grande risco de insolvência pelo excesso de endividamento de curto prazo, ocasionando interrupção do crédito.

Para medir a relação entre estratégias de investimentos (NCG) e financiamentos (CCL) do capital de giro, podemos acompanhar o índice de autofinanciamento (IAF). O IAF mede a capacidade de uma empresa em financiar sua NCG com fontes de longo prazo. A fórmula do IAF é CCL ÷ NCG. Assim a análise dinâmica do IAF revela o risco aparente de insolvência da empresa.

Por combinar em sua fórmula o CCL e a NCG, o IAF se transforma numa importante ferramenta de acompanhamento das políticas de investimento e financiamento do capital de giro, que conjugadas afetam o risco de solvabilidade da empresa. Como visto anteriormente, ST corresponde à diferença entre CCL e NCG e, consequentemente, CCL é o resultado da soma de NCG e ST. Podemos assim decompor a fórmula do IAF (figura 7) e entender melhor a relevância do índice para a gestão do capital de giro.

Figura 7
Índice de autofinanciamento: decomposição da fórmula

$$IAF = \frac{CCL}{NCG} = \frac{NCG + ST}{NCG} = 1 + \frac{ST}{NCG}$$

onde:
IAF = índice de autofinanciamento;
CCL = capital circulante líquido;
NCG = necessidade de capital de giro;
ST = saldo de tesouraria.

Por meio da decomposição da fórmula, podemos concluir que a condição de solvabilidade da empresa está associada à evolução do ST. Numa trajetória de médio e longo prazos, a evolução do ST resulta da capacidade de geração de caixa operacional e da capacidade da empresa em financiar suas atividades com recursos de longo prazo. O quadro 12 associa o índice de autofinanciamento ao risco de solvabilidade da empresa.

Quadro 12
Índice de autofinanciamento

IAF	ST	CCL x NCG	Risco de insolvência
> 1	Positivo	CCL > NCG	Baixo
= 1	Zero	CCL = NCG	Neutro
< 1	Negativo	CCL < NCG	Alto

No terceiro capítulo deste livro, demonstraremos como variações na NCG afetam a capacidade de geração de caixa operacional e discutiremos a relevância das fontes de financiamento de longo prazo para manutenção da solvabilidade da empresa.

Resumo do capítulo

Iniciamos este capítulo apresentando a origem do termo "capital de giro", associando o assunto a decisões de investimentos e financiamentos de curto prazo adotadas pela empresa. Fizemos uma breve apresentação dos principais demonstrativos financeiros (balanço patrimonial e demonstração de resultados do exercício). Classificando os demonstrativos financeiros, apresentamos o capital circulante líquido (CCL) como forma de acompanhar o financiamento dos ativos circulantes, com ou sem recursos de longo prazo. Concluímos que em empresas com CCL positivo haverá um menor risco de insolvência, quando comparamos com aquelas que apresentam um CCL negativo.

Para dimensionar os volumes de investimento em capital de giro, utilizamos a necessidade de capital de giro (NCG). Para entendermos o cálculo da NCG, reclassificamos os ativos e passivos circulantes entre aqueles de caráter financeiro (ACF e PCF) e os de natureza operacional (ACO e PCO). Definindo NCG como a diferença entre ACO e PCO. Concluímos que ACO maior que PCO conduz a NCG positiva, obrigando a empresa a buscar fontes onerosas de financiamento.

Vimos que o saldo de tesouraria (ST) sofre influência direta de CCL e NCG. Por fim, concluímos que quando os investimentos em NCG crescem a taxas superiores aos financiamentos de longo prazo, medido pela CCL, a empresa corre o risco de insolvência pelo excesso de ST negativo, fenômeno conhecido como *overtrade*. A evolução das relações entre CCL e NCG pode ser acompanhada pelo índice de autofinanciamento (IAF). Decompondo a fórmula do IAF, concluímos que a solvabilidade da empresa dependerá da capacidade de geração de caixa operacional e do êxito corporativo em financiar as operações com recursos de longo prazo.

No próximo capítulo, veremos as métricas utilizadas para acompanhar a evolução das estratégias de financiamento e investimento de curto prazo. Compreendendo os indicadores, poderemos construir estratégias empresariais que maximizem os resultados econômicos, reduzindo o risco financeiro.

2
Análise e dimensionamento do capital de giro

Neste capítulo, apresentaremos os principais indicadores utilizados no acompanhamento das estratégias de financiamento e investimento em capital de giro. Iniciaremos demonstrando como estratégias de investimentos e financiamentos de curto prazo interferem na relação entre risco e retorno de uma empresa. Apresentaremos a análise por intermédio do cálculo dos índices de liquidez utilizados para acompanhar as estratégias de financiamento e evolução do risco de insolvência da empresa.

Em seguida, veremos a análise por intermédio do cálculo dos prazos médios (de giro de estoques, de recebimentos, de compras ou de pagamentos) e ciclos (operacional e financeiro) utilizada para "mapear" as políticas de investimentos em NCG adotadas.

O acompanhamento dos indicadores apresentados neste capítulo é etapa essencial para análise e revisão das estratégias de financiamento e investimento em capital de giro, permitindo assim que a empresa encontre o equilíbrio desejado entre o desempenho econômico e o financeiro.

Conflitos entre risco e retorno na gestão do capital de giro

Qualquer decisão de investimento, seja de curto ou longo prazo, levará em conta a relação entre risco e retorno. Investidores em geral adotam como premissa buscar investimentos com maior nível de retorno associado ao menor grau de risco. Como regra geral, maiores volumes de financiamento de longo prazo (maior CCL) representam uma folga financeira e, consequentemente, reduzem o risco de insolvência. O quadro 13 exemplifica a relação entre a estrutura de financiamento das operações adotadas pela empresa e os níveis de risco de insolvência.

Quadro 13
Estruturas de CCL positivo e negativo e risco de insolvência

Estrutura patrimonial – alto risco		Estrutura patrimonial – baixo risco	
Ativos circulantes $ 500	Passivos circulantes $ 650	Ativos circulantes $ 1.000	Passivos circulantes $ 650
CCL = ($ 150)			
Ativos não circulantes $ 500	Patrimônio líquido $ 350		CCL = $ 350
Ativo total $ 1.000 Passivo total $ 1.000		Ativos não circulantes $ 500	Patrimônio líquido $ 850
		Ativo total $ 1.500 Passivo total $ 1.500	

Observe, leitor, no exemplo do quadro 13, que a alternativa definida como de alto risco de insolvência, contendo CCL negativo em $ 150, é aquela que necessita de menor investimento em ativo circulante, reduzindo assim os montantes de capital investidos (ativo total) na empresa.

O quadro 14 apresenta a demonstração de resultado do exercício (DRE) para estruturas de alto e baixo riscos.

Quadro 14
Exemplo de demonstração de resultado do exercício

Receita	1.200
(-) Custo	(600)
(=) Lucro bruto	600
(-) Despesas operacionais	(360)
(=) Resultado operacional	240
(-) Despesas financeiras	(60)
(=) Lucro antes do imposto de renda e contribuição social	180
(-) Imposto de renda	(60)
(=) Lucro líquido	120

Para avaliar corretamente o êxito econômico de uma empresa, devemos observar os índices de rentabilidade. Esses indicadores comparam os retornos obtidos e os montantes de capital investidos. O retorno sobre ativo (RSA), por exemplo, compara o lucro operacional antes de juros e impostos e o ativo total, revelando a rentabilidade sobre o capital investido.

Considerando que ambos os balanços patrimoniais (alto e baixo riscos) conduzem ao mesmo lucro operacional, vemos no quadro 15 que a estrutura de maior risco proporciona maiores unidades de retorno sobre capital investido (RSA de 24%) que a estrutura de menor risco (RSA de 16%).

Quadro 15
Retorno sobre capital investido (RSA): estruturas de alto e baixo riscos

Estrutura patrimonial	Alto risco	Baixo risco
Retorno sobre ativo total (RSA) (Lucro operacional ÷ ativo total)	$\frac{\$\ 240}{\$\ 1.000} = 24\%$	$\frac{\$\ 240}{\$\ 1.500} = 16\%$

Encontrar o equilíbrio econômico e financeiro é fundamental para que a empresa possa gozar de uma situação de liquidez satisfatória de curto e longo prazos. Os exemplos apresentados no quadro 15 demonstram como o volume de investimento em ativos de curto prazo interfere na relação entre rentabilidade e liquidez. Podemos concluir que as estruturas de CCL positivo tendem a melhorar a solvabilidade e reduzir a rentabilidade.

Índices de liquidez e a análise do financiamento do capital de giro

O conceito da análise estática diz respeito a quaisquer informações e conclusões extraídas exclusivamente do balanço patrimonial. Como vimos no capítulo anterior, o balanço patrimonial é um demonstrativo pontual, portanto estático. Tais análises são realizadas observando os índices de liquidez de uma empresa ao longo de diversos períodos, bem como por meio da análise desses mesmos indicadores entre empresas do mesmo setor e dentro do mesmo período.

Índices de liquidez

Índice é a relação entre contas, ou grupo de contas, das demonstrações financeiras que visa evidenciar determinado aspecto da situação patrimonial, econômica ou financeira de uma empresa. Os índices de liquidez, por exemplo, mostram a base da situação financeira da instituição. Uma empresa com bons índices de liquidez tem, aparentemente, boas condições de honrar seus compromissos de curto prazo.

Liquidez corrente

O índice de liquidez corrente é o resultado da divisão de ativos circulantes pelos passivos circulantes. O índice revela quanto a empresa possui de investimentos em ativos circulantes para cada unidade monetária ($ 1) de passivos circulantes. Interpretação: em princípio, quanto maior, melhor a liquidez da empresa. A figura 8 apresenta a fórmula do índice de liquidez corrente (LC).

Figura 8
Fórmula: índice de liquidez corrente

$$\text{Liquidez corrente} = \frac{\text{Ativo circulante}}{\text{Passivo circulante}}$$

Naturalmente, empresas que possuem capital circulante líquido positivo apresentam liquidez corrente superior a um (CCL > 0); as que possuem capital circulante líquido zero apresentam liquidez corrente igual a um (CCL = 0); e aquelas que possuem capital circulante líquido negativo apresentam liquidez corrente inferior a um (CCL < 0). O quadro 16 associa o capital circulante líquido ao índice de liquidez corrente (LC) e aparente risco de solvabilidade.

Quadro 16
Capital circulante líquido, liquidez corrente e risco de insolvência

Capital circulante líquido	Liquidez corrente	Aparente risco de insolvência
Positivo	>1	Baixo
Zero	=1	Neutro
Negativo	<1	Alto

Ao apresentar uma relação padronizada entre ativos circulantes e passivos circulantes, a liquidez corrente torna-se um importante indicador de acompanhamento da situação financeira.

Liquidez seca

Dentro dos índices de liquidez, há também a liquidez seca, que conservadoramente exclui do numerador os ativos circulantes de menor liquidez, como estoques, por exemplo. Segundo abordagem da contabilidade financeira, a liquidez seca corresponde a ativos circulantes deduzidos de estoques, divididos pelo total de passivos circulantes. Assim, o índice compara ativos que podem ser transformados em dinheiro mais rapidamente e os passivos circulantes. A interpretação da liquidez seca revela quanto a empresa possui em ativos de rápida conversão em caixa para cada unidade monetária ($ 1) de passivo circulante. Interpretação: em princípio, quanto maior, melhor a liquidez da empresa. A figura 9 apresenta a fórmula do índice de liquidez seca (LS).

Figura 9
Fórmula: índice de liquidez seca

$$\text{Liquidez seca} = \frac{\text{Ativo circulante} - \text{estoques}}{\text{Passivo circulante}}$$

Liquidez imediata

A liquidez imediata compara os investimentos realmente líquidos e o saldo de passivos circulantes. Assim, divide a soma de caixa (disponibilidade e aplicações financeiras) pelo total de passivo circulante, revelando quanto a empresa possui em ativos líquidos para cada unidade monetária ($ 1) de compromissos de curto prazo. Interpretação: em princípio, quanto maior, melhor a liquidez da empresa. A figura 10 apresenta a fórmula do índice de liquidez imediata (LI).

Figura 10
Fórmula: índice de liquidez imediata

$$LI = \frac{Caixa}{Passivo\ circulante}$$

O índice de liquidez imediata, por sua vez, considera no seu numerador somente os ativos circulantes de natureza financeira, disponibilidades e aplicações financeiras, batizados aqui de caixa ou, conforme definição apresentada no tópico "Financiamento das operações e capital circulante líquido (CCL)" deste livro, ativos circulantes financeiros (ACF).

Interpretando os índices de liquidez

Para a correta interpretação dos índices de liquidez, devemos comparar os indicadores da empresa entre períodos (meses, trimestres, anos etc.) e entre outras empresas semelhantes que atuem no mesmo setor, dentro do mesmo período. Empresas que atuam em setores de maior rivalidade tendem a apresentar índices de liquidez semelhantes. A comparação dos índices de liquidez entre *players* semelhantes do mesmo setor poderá revelar as diferenças nas estratégias de financiamentos do capital de giro dessas empresas.

Análise dos investimentos em capital de giro, prazos médios e ciclos

Independentemente do tamanho, setor de atuação e estratégia adotada, o montante de recursos investidos em necessidade de capital de giro (NCG) de uma empresa sofre influência de duas variáveis: (1) o nível de atividade e (2) políticas operacionais de estoques, recebimentos e compras. Nível de atividade diz respeito ao volume de vendas/receitas e seus respectivos dispêndios com impostos, custos e despesas operacionais. Políticas operacionais, por sua vez, podem ser definidas como aquelas que afetam os investimentos em estoques e recebíveis, bem como financiamento de fornecedores, colaboradores e governo. A figura 11 faz alusão aos efeitos provocados pelos níveis de atividade e políticas operacionais nos investimentos em NCG.

Figura 11
Vendas, políticas operacionais e investimentos em NCG

Volume de vendas	Prazos, descontos concedidos a clientes
Volume dos investimentos em capital de giro	
Gestão de estoque	Prazos, descontos dos fornecedores

Assim, podemos concluir que os recursos investidos em estoques e contas a receber, bem como os financiamentos de fornecedores, salários e impostos são determinados pelo volume de vendas e pelos prazos médios de rotação dessas contas, isto é, quantos dias em média estas levam para girar. Considere o exemplo a seguir quanto a (1) volume de vendas e (2) prazos médios de rotação das contas:

1) se as vendas médias de determinada mercadoria aumentam de cinco para 10 unidades por dia, os saldos de estoques, recebíveis e fornecedor devem crescer na mesma proporção (duas vezes);

2) se os prazos concedidos a clientes dobram, são esperados incrementos nas contas a receber na mesma proporção;
3) se os prazos de permanência em estoque dobram, são esperados incrementos de recursos investidos em estoques na mesma proporção;
4) se os prazos de pagamento a fornecedores dobram, são esperados incrementos de financiamentos dessa conta na mesma proporção.

Cálculo dos prazos médios, volume de vendas e a necessidade de capital de giro (NCG)

Conforme apresentado no capítulo 1, o cálculo da NCG revela quanto dos investimentos em ACO estão descobertos por PCO. Podemos ainda concluir que os volumes de ACO (estoques, contas a receber) e PCO (fornecedores, impostos, salários e encargos) são determinados pelo nível de atividade (volume de vendas) e prazos médios de giro dessas contas. Assim, a capacidade de avaliar o giro das contas que compõem ACO e PCO é "fator-chave" para o controle da NCG e busca do equilíbrio financeiro. A figura 12 elucida os efeitos das políticas de curto prazo adotadas pela empresa nos volumes de investimento em NCG.

O exemplo a seguir associa os volumes de receitas, o tempo de giro/rotação das contas que compõem ACO e PCO, e os níveis de investimentos em NCG de uma empresa. Supondo:

- receitas mensais $ 100 ($ 1.200 ao ano), com prazos médios de recebimento dos clientes de 90 dias, teríamos $ 300 investidos em contas a receber (contas a receber = receita mensal × prazo de recebimento em meses);

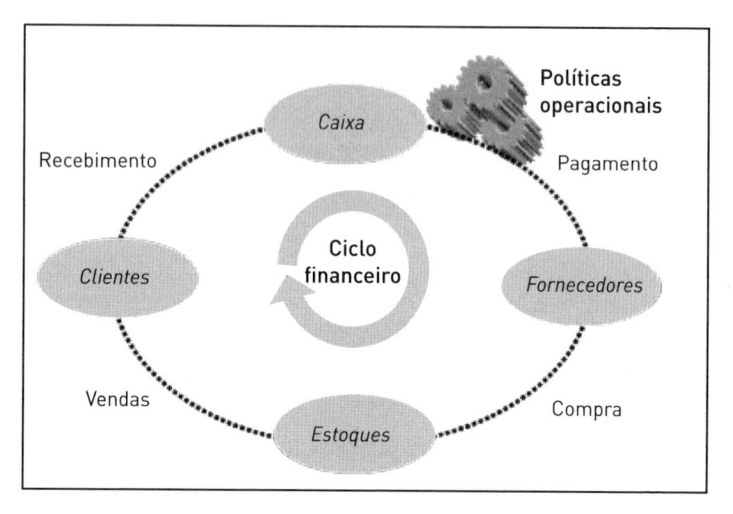

Figura 12
Políticas operacionais e a "engrenagem"
dos investimentos em NCG

[Figura: diagrama do ciclo financeiro mostrando Caixa, Clientes, Estoques, Fornecedores, com Recebimento, Vendas, Compra, Pagamento e Políticas operacionais]

- custos de aquisição dos insumos/mercadoria mensais de $ 50, ($ 600 ao ano) e tempo de permanência em estoque de 60 dias, teríamos um investimento total em estoque de $ 100, (estoques = custo mensal × prazo de permanência em meses);
- fornecedores, aqueles que enviam $ 50, em mercadorias ao mês ($ 600 ao ano), concedendo 120 dias de prazo para pagamento, obteremos um financiamento de $ 200 (fornecedores = custo de aquisição mensal × prazo de pagamento em meses);
- despesas com salários e encargos de $ 30 ($ 360 ao ano) pagos em 30 dias, teremos uma conta salários e encargos de $ 30 (salários e encargos = despesas mensal × prazo para pagamento em meses);
- impostos mensais sobre resultado de $ 5 ($ 60 ao ano), com prazo para pagamento de 120 dias, teríamos na conta

impostos e contribuições de $ 20 (impostos e contribuições = dispêndios com impostos × prazo para pagamento em meses).

O quadro 17 apresenta uma visão consolidada do exemplo descrito.

Quadro 17
Receitas, tempo de rotação e cálculo da NCG

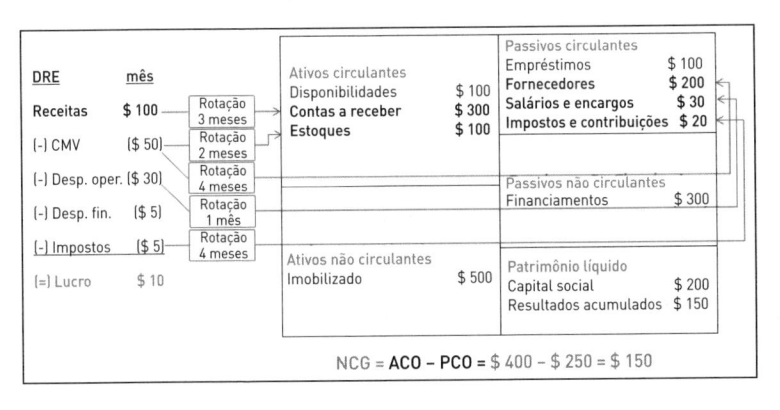

DRE	mês		Ativos circulantes		Passivos circulantes	
Receitas	$ 100	Rotação 3 meses	Disponibilidades	$ 100	Empréstimos	$ 100
			Contas a receber	$ 300	Fornecedores	$ 200
(-) CMV	($ 50)	Rotação 2 meses	Estoques	$ 100	Salários e encargos	$ 30
(-) Desp. oper.	($ 30)	Rotação 4 meses			Impostos e contribuições	$ 20
(-) Desp. fin.	($ 5)	Rotação 1 mês			Passivos não circulantes	
(-) Impostos	($ 5)	Rotação 4 meses			Financiamentos	$ 300
(=) Lucro	$ 10		Ativos não circulantes		Patrimônio líquido	
			Imobilizado	$ 500	Capital social	$ 200
					Resultados acumulados	$ 150

NCG = **ACO** − **PCO** = $ 400 − $ 250 = $ 150

O exemplo do quadro 17 explicita como os volumes de receitas, custos, despesas, impostos, bem como o tempo médio de rotação das contas que compõem o ACO e o PCO, afetam a NCG da empresa.

Análise dos prazos médios

Também conhecida como análise dinâmica por combinar contas e grupos de contas de patrimônio (BP) e de resultado (DRE), a análise de prazos médios revela os tempos médios de giro dos ativos (ACO) e passivos (PCO) circulantes operacionais. Os prazos médios podem ser encontrados com o uso das fórmulas apresentadas a seguir.

Prazos médios de permanência em estoque (PME)

O prazo médio de permanência em estoque (PME) indica o número de dias em que, na média, os estoques são renovados. Tomemos como base de análise um período de 360 dias. A figura 13 apresenta a fórmula do prazo médio de giro de estoques (PME).

Figura 13
Fórmula do prazo médio de rotação dos estoques (PME)

$$PME = \frac{\text{Estoque médio} \times 360 \text{ dias}}{\text{Custos ao ano}}$$

onde:
PME = prazo médio de estoques em dias;
Estoque médio = (estoque inicial do período + estoque final do período) ÷ 2;
Estoque = saldo da conta estoque;
Custos ao ano = custos totais do exercício, lançados na DRE.

O resultado encontrado revela o tempo médio em dias que a matéria-prima ou mercadoria leva sendo transformada e vendida. Quanto maior o tempo, pior a liquidez da empresa. A fórmula considera no numerador o saldo médio da conta estoque e no denominador o total anual de custos lançados na DRE, multiplicando esse resultado por 360 dias de um ano (conceito de ano comercial). Quanto maior o tempo, pior a liquidez da empresa.

Considerando os dados anuais do exemplo do quadro 17, e assumindo estoques (inicial e final) com saldo de $ 100, podemos determinar o prazo médio de estoques (PME) pelo cálculo apresentado na figura 14.

Figura 14
Exemplo de cálculo do prazo médio de rotação dos estoques (PME)

$$PME = \frac{\$ 100}{\$ 600} \times 360 \text{ dias} = 60 \text{ dias}$$

Prazos médios de recebimentos (PMR)

O prazo médio de recebimentos (PMR) expressa o tempo médio no qual as vendas são efetivamente transformadas em dinheiro, ou seja, os prazos concedidos aos clientes para recebimento. A figura 15 apresenta a fórmula do prazo médio de recebimento (PMR).

Figura 15
Fórmula do prazo médio de recebimentos (PMR)

$$PMR = \frac{\text{Contas a receber médio}}{\text{Receita bruta ao ano}} \times 360 \text{ dias}$$

onde:
PMR = prazo médio de recebimento em dias;
Conta a receber médio = (CAR inicial do período + CAR final do período) ÷ 2;
CAR = saldo de conta a receber;

Receita bruta ao ano = receitas brutas totais do exercício – devoluções e abatimentos concedidos.

A fórmula considera no numerador o saldo médio de contas a receber do exercício, no denominador a receita bruta, e multiplica o resultado por 360 dias de um ano (conceito de ano comercial). Quanto maior o tempo, pior a liquidez da empresa.

Com base nos dados do exemplo do quadro 17 e considerando estabilidade nos saldos (inicial e final) de contas a receber em $ 300, podemos encontrar o prazo médio de recebimentos (PMR) por meio da aplicação da fórmula calculada na figura 16.

Figura 16
Exemplo de cálculo do prazo médio de recebimentos (PMR)

$$PMR = \frac{\$\,300}{\$\,1.200} \times 360 \text{ dias} = 90 \text{ dias}$$

Prazos médios de compras (PMC) e pagamentos (PMP)

O prazo médio de compras (PMC) corresponde ao prazo que a empresa vem obtendo de seus fornecedores para pagamento de matéria-prima e/ou mercadorias. A figura 17 apresenta a fórmula para determinação do prazo médio de compras (PMC).

Figura 17
Fórmula do prazo médio de compras (PMC)

$$PMC = \frac{\text{Fornecedor médio}}{\text{Compras ao ano}} \times 360 \text{ dias}$$

onde:
PMC = prazo médio de compras em dias;
Fornecedor médio = (fornecedor inicial do período + fornecedor final do período) ÷ 2;
Fornecedor = saldo da conta fornecedor;
Compras ao ano = custos ao ano lançados na DRE + estoque final do período − estoque inicial do período.

Uma alternativa à ausência de informações sobre o montante de compras seria a utilização de custos totais (custo de mercadoria ou produto vendido) ao ano como denominador da fórmula do PMC.

Considerando os dados do quadro 17 e assumindo a estabilidade no saldo (inicial e final) da conta fornecedor de $ 200, encontraremos o prazo médio de compras (PMC) por meio da aplicação da fórmula apresentada na figura 18.

Figura 18

Exemplo de cálculo do prazo médio de compras (PMC)

$$PMC = \frac{\$\ 200}{\$\ 600} \times 360 \text{ dias} = 120 \text{ dias}$$

Apesar de bastante difundido, o conceito de prazo médio de compras (PMC) acaba desconsiderando os financiamentos oriundos de outros PCO, tais como colaboradores e governos. Uma forma de incluir os demais PCO na análise é trabalhar com o cálculo do prazo médio de pagamento (PMP). Consideramos, para o cálculo do PMP, todas as fontes operacionais de financiamento (fornecedores, salários e impostos) no numerador e todos os desembolsos operacionais (desembolso operacional = impostos, custos e despesas operacionais) no denominador. A figura 19 apresenta a fórmula do prazo médio de pagamento (PMP).

Figura 19
Fórmula do prazo médio de pagamentos (PMP)

$$PMP = \frac{PCO\ médio}{Desembolsos\ operacionais\ do\ ano} \times 360\ dias$$

onde:

PMP = prazo médio de pagamentos em dias;
PCO médio = (PCO inicial do período + PCO final do período) ÷ 2;
PCO = soma de saldos das contas de passivo circulante operacional;
Desembolso operacional = soma de custo, despesas operacionais e impostos.

Com base nos dados do quadro 17 e considerando um saldo (inicial e final) de PCO estável em $ 250 e desembolsos operacionais ao ano (custos + despesas operacionais + impostos) de $ 1.020, encontraremos o prazo médio de pagamentos (PMP) por meio da aplicação da fórmula apresentada na figura 20.

Figura 20
Exemplo de cálculo do prazo médio de pagamentos (PMP)

$$PMP = \frac{\$\ 250}{\$\ 1.020} \times 360\ dias = 88\ dias$$

Ciclo operacional (CO)

O ciclo operacional (CO) indica o tempo decorrido entre o momento em que a empresa adquire as matérias-primas/mercadorias e o momento em que efetivamente recebe o dinheiro dos clientes pelas vendas, conforme figura 21.

Figura 21
Fórmula do ciclo operacional (CO)

$$CO = PME + PMR$$

onde:
CO = ciclo operacional em dias;
PME = prazo médio de estoques em dias;
PMR = prazo médio de recebimentos em dias.

A figura 22 apresenta uma visão gráfica do ciclo operacional (CO) baseada nos dados do quadro 17, indicando o tempo médio que a empresa leva desde a chegada dos insumos/produtos até a efetiva transformação das vendas destes em caixa.

Figura 22
Linha de tempo do ciclo operacional (CO)

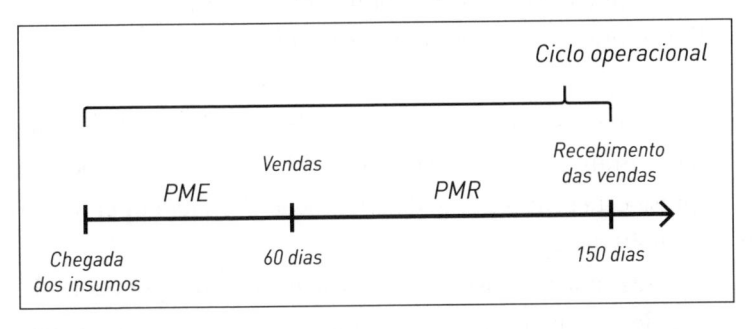

```
                                        Ciclo operacional
                        Vendas              Recebimento
            PME                   PMR       das vendas
    |_____|_____|————>
    Chegada          60 dias                150 dias
    dos insumos
```

Assim, o ciclo operacional revela o tempo que, em média, a empresa leva para transformar seus insumos produtivos (matéria-prima ou mercadoria) em caixa.

Ciclo financeiro (CF)

O ciclo financeiro (CF), por sua vez, indica o tempo decorrido entre o instante em que a empresa paga aos seus fornecedores pelas mercadorias adquiridas e recebe dos clientes pelas vendas efetuadas. É o intervalo de tempo em que a empresa precisará financiar seu ciclo operacional, conforme demonstrado na figura 23.

Figura 23
Fórmula do ciclo financeiro (CF)

$$CF = PME + PMR - PMC$$

onde:
CF = ciclo financeiro em dias;
PME = prazo médio de estoques em dias;
PMR = prazo médio de recebimentos em dias;
PMC = prazo médio de compras em dias.

Tomando como base os dados do quadro 17, a figura 24 apresenta uma visão gráfica do ciclo financeiro (CF), onde observaremos que a empresa está sendo obrigada a financiar seu ciclo operacional (CO) por 30 dias.

Uma segunda proposição para o cálculo do CF, agora considerando todos os financiamentos operacionais (PCO), é apresentada na figura 25.

Com base nos dados apresentados no quadro 17, a figura 26 apresenta uma visão gráfica do ciclo financeiro (CF), comparando os dois métodos: prazo médio de compras (PMC) e prazo médio de pagamentos (PMP). Observe que o tempo médio de financiamento das atividades calculado pelo PMP é maior, com crescimento do

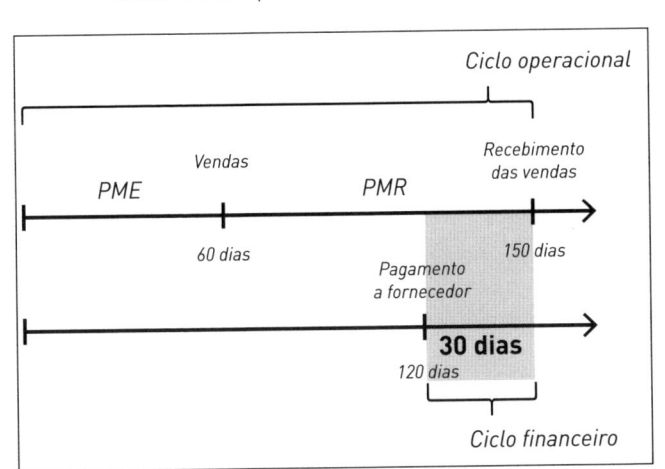

Figura 24
Linha de tempo do ciclo financeiro (CF)

```
                                          Ciclo operacional
                                                            
                              Vendas              Recebimento
              PME                        PMR      das vendas
         |----------------|-----------------------|--------->
                        60 dias                150 dias
                                      Pagamento
                                      a fornecedor
         |------------------------------------|----|-------->
                                              30 dias
                                          120 dias
                                                  Ciclo financeiro
```

ciclo financeiro (CF) de 30 dias para 62 dias. Isso se deve à redução no tempo médio de financiamento dos passivos circulantes operacionais (PCO), uma vez que o prazo para pagamento de salários (30 dias) é inferior ao dos demais pagamentos (fornecedores e impostos, ambos com 120 dias).

Figura 25
Fórmula do ciclo financeiro (CF) com base no PMP

$$CF = PME + PMR - PMP$$

onde:
　CF = ciclo financeiro em dias;
　PME = prazo médio de estoques em dias;
　PMR = prazo médio de recebimentos em dias;
　PMP = prazo médio de pagamentos em dias.

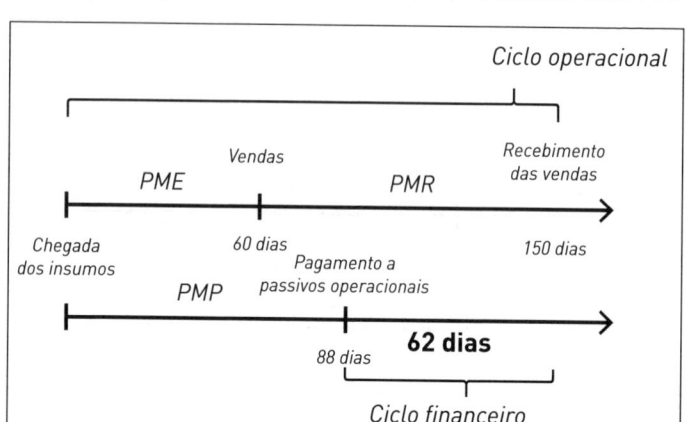

Figura 26
Linha de tempo do ciclo financeiro (CF) calculado com PMP

```
                                              Ciclo operacional
                                        ┌─────────────────────────┐
                       Vendas                          Recebimento
              PME                PMR                   das vendas
        ├──────────────┼──────────────────────────────────►
      Chegada       60 dias                          150 dias
      dos insumos          Pagamento a
                    PMP    passivos operacionais
        ├──────────────────────┼──────────────────►
                           88 dias    **62 dias**
                                 └──────────────┘
                                  Ciclo financeiro
```

Podemos concluir que a falta de sincronia entre as entradas de caixa (recebimentos) e as saídas de caixa (pagamentos) resultantes das atividades de compras, transformação, vendas, recebimentos e pagamentos da empresa leva à necessidade de investimento para manter a liquidez. Assim, a análise dos prazos médios e ciclos (operacional e financeiro) revela a influência das políticas operacionais de permanência de estoques, prazos a clientes e prazos com fornecedores nos investimentos em NCG. Concluímos assim que aumentos no PME e no PMR, bem como reduções no PMC (ou PMP) conduzem ao aumento do ciclo financeiro (CF) e dos investimentos em NCG. Em síntese, existe uma relação positiva entre os investimentos em NCG e ciclo financeiro (CF). O quadro 18 associa o aumento nos prazos médios e ciclo financeiro (CF) nos volumes de capitais investidos na NCG.

Entendendo as relações entre os prazos médios (PME, PMR, PMC ou PMP), ciclo financeiro (CF) e necessidade de capital de giro (NCG), concluímos que diversos departamentos acabam influenciando nos investimentos em capital de giro. Negociações de vendas e compras, decisões sobre o processo de transformação de insumos em produtos acabados alteram o tempo de giro de ACO e PCO e afetam os investimentos em NCG. Compreender esse fato é um importante passo para definição de estratégias de capital de giro que encontrem o equilíbrio financeiro da empresa.

Quadro 18
Prazos médios, ciclo financeiro e investimentos em NCG

Prazo médio	Prazo médio × ciclo financeiro	Ciclo financeiro × NCG
Maior PME	Maior CF	Maior NCG
Maior PMR	Maior CF	Maior NCG
Maior PMC ou PMP	Menor CF	Menor NCG

Análise e dimensionamento do financiamento e investimento em capital de giro

Os indicadores financeiros apresentados neste capítulo permitem o acompanhamento das estratégias de financiamento e investimentos do capital de giro. Por meio da análise estática do BP e cálculo dos índices de liquidez, podemos entender a proporção entre recursos de curto e de longo prazos que vêm sendo utilizados para financiar os investimentos do grupo do ativo circulante. A análise dinâmica combina contas de patrimônio (BP) e resultado (DRE) para fornecer um detalhamento das estratégias operacionais de investimento (ACO) e financiamento (PCO) de curto prazo. Podemos concluir que a análise estática avalia a evolução de contas ligadas ao CCL, enquanto a análise dinâmica detalha a composição dos investimentos em NCG. A combinação entre análises permite ainda a avaliação indireta do risco de insolvência medido pelo ST. A figura 27 retrata as diferenças entre a análise estática e dinâmica.

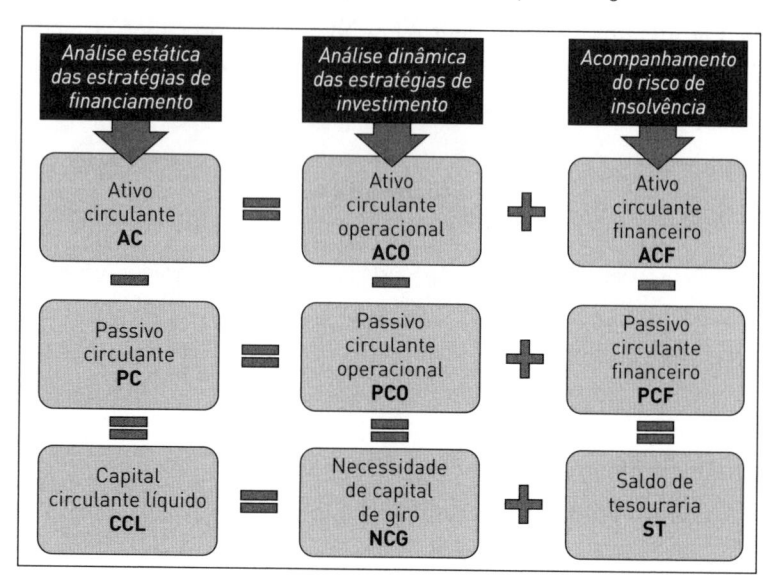

Figura 27
Análise estática e dinâmica do capital de giro

Análise estática das estratégias de financiamento	Análise dinâmica das estratégias de investimento	Acompanhamento do risco de insolvência
Ativo circulante **AC**	Ativo circulante operacional **ACO**	Ativo circulante financeiro **ACF**
Passivo circulante **PC**	Passivo circulante operacional **PCO**	Passivo circulante financeiro **PCF**
Capital circulante líquido **CCL**	Necessidade de capital de giro **NCG**	Saldo de tesouraria **ST**

(AC = ACO + ACF; PC = PCO + PCF; CCL = NCG + ST)

O exemplo do quadro 19 demonstra como as variações nos níveis de NCG influenciam a situação financeira de uma empresa. Com base nos dados do quadro 17, o exemplo projeta os impactos nos balanços patrimoniais dos períodos T = 0 e T = 1 após mudanças nos prazos concedidos aos clientes (PMR de 90 para 150 dias) e crescimento nas receitas de 50%.

Orientados pela ideia de que "receita é tudo", frequentemente empresários e gestores utilizam a estratégia de concessão de prazos aos clientes para alavancar suas vendas, conforme sugerido no quadro 22. Contudo, percebe-se que tal estratégia tem severos impactos nos volumes de investimentos em NCG, reduzindo a liquidez da empresa.

O quadro 23 apresenta os resultados para CCL e NCG em t = 0 e t = 1 com base no exemplo apresentado anteriormente.

Quadro 19
Demonstração de resultado e balanço patrimonial nas datas T = 0 e T = 1

Período t = 0

DRE — mês
- Receitas $ 100
- (-) CMV ($ 50)
- (-) Desp. oper. ($ 30)
- (-) Desp. fin. ($ 5)
- (-) Impostos ($ 5)
- (=) Lucro $ 10

PMR 90 dias

Ativos circulantes		Passivos circulantes	
Disponibilidades	$ 100	Empréstimos	$ 100
Contas a receber	$ 300	Fornecedores	$ 200
Estoques	$ 100	Salários e encargos	$ 30
		Impostos e contribuições	$ 20
Ativos não circulantes		Passivos não circulantes	
Imobilizado	$ 500	Financiamentos	$ 300
		Patrimônio líquido	
		Capital social	$ 200
		Resultados acumulados	$ 150
Ativo total	**1.000**	**Passivo total**	**1.000**

Crescimento 50%

PMR 90 p/150 dias

Período t = 1

DRE — mês
- Receitas $ 150
- (-) CMV ($ 75)
- (-) Desp. oper. ($ 45)
- (-) Desp. fin. ($ 7,5)
- (-) Impostos ($ 7,5)
- (=) Lucro $ 15

PMR 150 dias

Ativos circulantes		Passivos circulantes	
Disponibilidades	$ 0	Empréstimos	$ 195
Contas a receber	$ 750	Fornecedores	$ 300
Estoques	$ 150	Salários e encargos	$ 45
		Impostos e contribuições	$ 30
Ativos não circulantes		Passivos não circulantes	
Imobilizado	$ 500	Financiamentos	$ 300
		Patrimônio líquido	
		Capital social	$ 200
		Resultados acumulados	$ 330

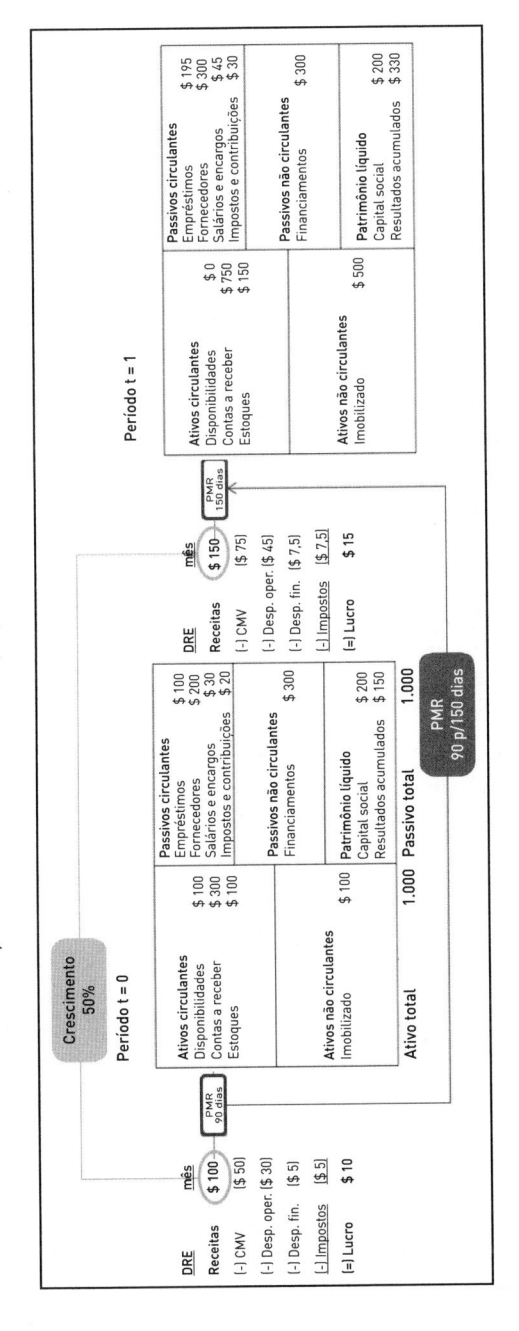

GESTÃO DO CAPITAL DE GIRO

Quadro 20
Capital circulante líquido e necessidade de capital de giro em T = 0 e T = 1

Período t = 0

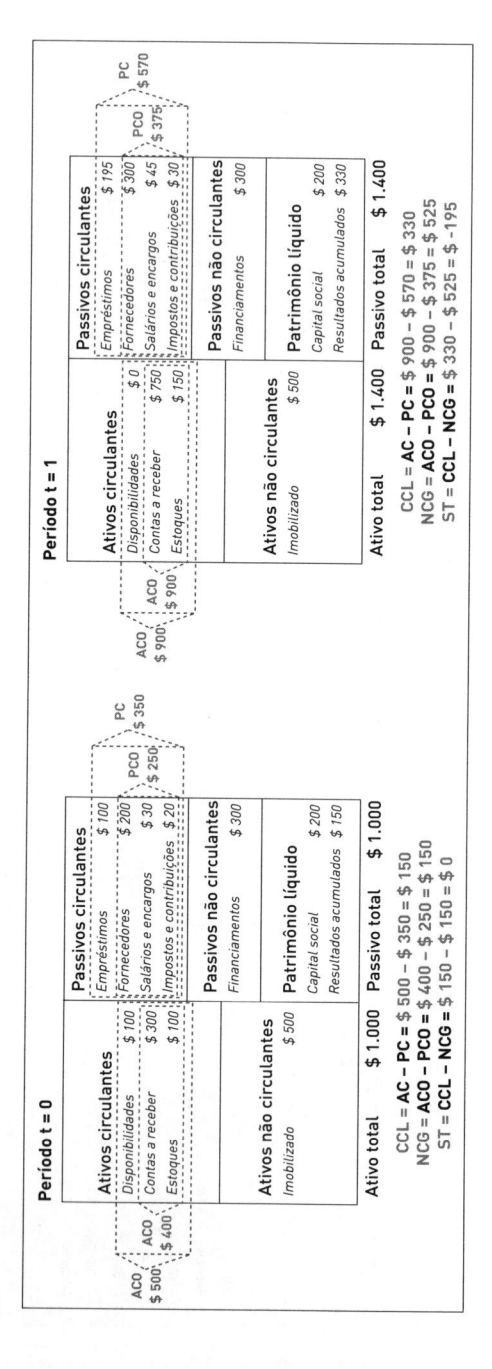

Ativos circulantes
Disponibilidades	$ 100
Contas a receber	$ 300
Estoques	$ 100

ACO $ 500
ACO $ 400

Ativos não circulantes
Imobilizado	$ 500

Ativo total $ 1.000

Passivos circulantes
Empréstimos	$ 100
Fornecedores	$ 200
Salários e encargos	$ 30
Impostos e contribuições	$ 20

PC $ 350
PCO $ 250

Passivos não circulantes
Financiamentos	$ 300

Patrimônio líquido
Capital social	$ 200
Resultados acumulados	$ 150

Passivo total $ 1.000

CCL = AC − PC = $ 500 − $ 350 = $ 150
NCG = ACO − PCO = $ 400 − $ 250 = $ 150
ST = CCL − NCG = $ 150 − $ 150 = $ 0

Período t = 1

Ativos circulantes
Disponibilidades	$ 0
Contas a receber	$ 750
Estoques	$ 150

ACO $ 900
ACO $ 900

Ativos não circulantes
Imobilizado	$ 500

Ativo total $ 1.400

Passivos circulantes
Empréstimos	$ 195
Fornecedores	$ 300
Salários e encargos	$ 45
Impostos e contribuições	$ 30

PC $ 570
PCO $ 375

Passivos não circulantes
Financiamentos	$ 300

Patrimônio líquido
Capital social	$ 200
Resultados acumulados	$ 330

Passivo total $ 1.400

CCL = AC − PC = $ 900 − $ 570 = $ 330
NCG = ACO − PCO = $ 900 − $ 375 = $ 525
ST = CCL − NCG = $ 330 − $ 525 = $ −195

Observamos, no quadro 21, que o aumento de 50% na receita conduz ao crescimento na mesma proporção (50%) das contas estoques (de $ 100 para $ 150), fornecedores (de $ 200 para $ 300) e impostos (de $ 20 para $ 30). Essa simetria nos crescimentos não é coincidência! É resultado da estabilidade dos prazos médios de estoques (PME) e pagamentos (PMP). Contudo, o aumento nas contas a receber em 250% (de $ 300 para $ 750) resulta da combinação de maiores receitas (em 50%) e prazos de recebimento (PMR de 90 para 150 dias).

No quadro 22 vemos que o crescimento nominal de $ 375 nos investimentos em NCG foi financiado pelo lucro acumulado de $ 180, pela captação de $ 95 em empréstimos de curto prazo e pelos recursos líquidos, antes investidos em disponibilidades. Cabe mencionar que esse exemplo é meramente ilustrativo, uma vez que saldo de disponibilidade igual a zero provavelmente conduziria à insolvência da empresa.

Apesar da retenção de todo o lucro obtido no período, a empresa passou de ST zero para ST negativo em $ 195. Esse é o resultado do crescimento da NCG a taxas superiores ao crescimento do CCL. A figura 28 apresenta a visão gráfica do efeito tesoura, com base nos dados do quadro 20.

Resumo do capítulo

Iniciamos este capítulo revelando os impactos das estratégias financiamentos e investimentos do capital de giro nos índices de rentabilidade e risco de insolvência da empresa. Maiores porções de investimentos em ativos circulantes normalmente implicam uma solvabilidade maior, mas reduzem a rentabilidade da empresa por requererem maiores volumes de recursos de origem onerosa (dívida e recursos próprios) financiando a operação.

Quadro 21

Variações nas contas de ativos e passivos operacionais em T = 0 e T = 1

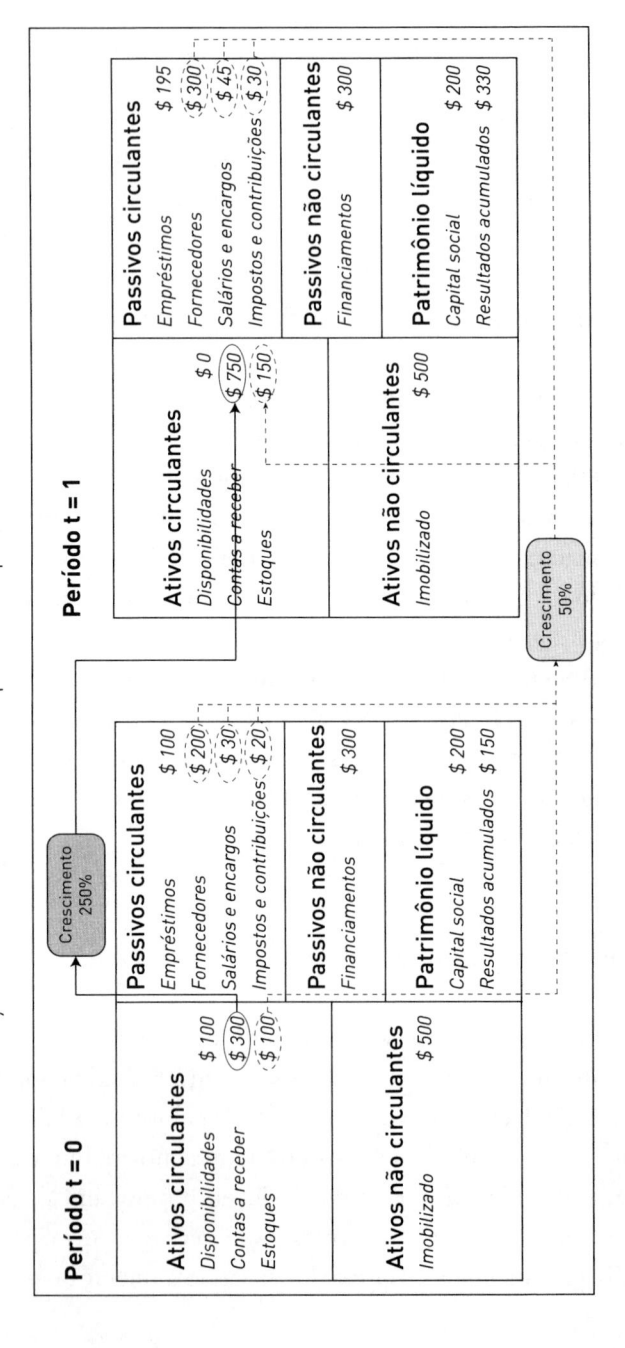

Período t = 0

Ativos circulantes
Disponibilidades — $ 100
Contas a receber — $ 300
Estoques — $ 100

Ativos não circulantes
Imobilizado — $ 500

Passivos circulantes
Empréstimos — $ 100
Fornecedores — $ 200
Salários e encargos — $ 30
Impostos e contribuições — $ 20

Passivos não circulantes
Financiamentos — $ 300

Patrimônio líquido
Capital social — $ 200
Resultados acumulados — $ 150

Crescimento 250%

Período t = 1

Ativos circulantes
Disponibilidades — $ 0
Contas a receber — $ 750
Estoques — $ 150

Ativos não circulantes
Imobilizado — $ 500

Passivos circulantes
Empréstimos — $ 195
Fornecedores — $ 300
Salários e encargos — $ 45
Impostos e contribuições — $ 30

Passivos não circulantes
Financiamentos — $ 300

Patrimônio líquido
Capital social — $ 200
Resultados acumulados — $ 330

Crescimento 50%

Quadro 22
Fontes de financiamento para necessidade de capital de giro

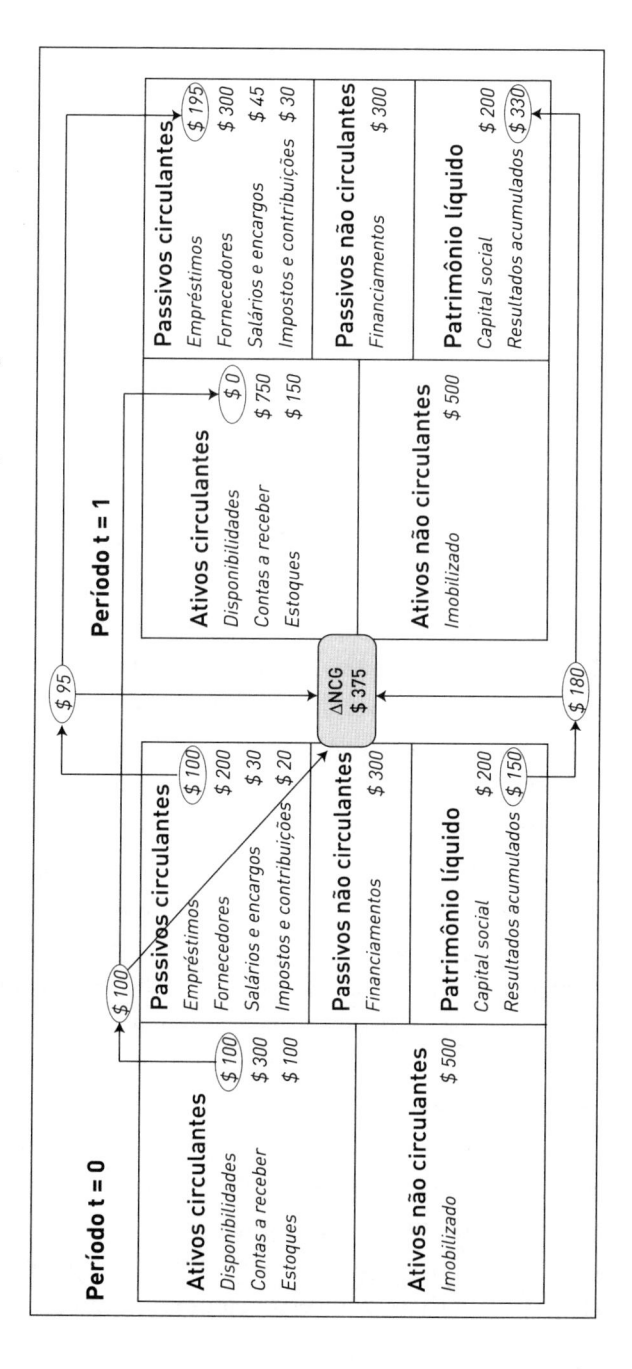

Período t = 0

Ativos circulantes ($ 100)
Disponibilidades $ 100
Contas a receber $ 300
Estoques $ 100

Ativos não circulantes $ 500
Imobilizado

Passivos circulantes ($ 100)
Empréstimos $ 200
Fornecedores $ 30
Salários e encargos $ 30
Impostos e contribuições $ 20

Passivos não circulantes $ 300
Financiamentos

Patrimônio líquido ($ 150)
Capital social $ 200
Resultados acumulados

Período t = 1

Ativos circulantes ($ 0)
Disponibilidades
Contas a receber $ 750
Estoques $ 150

Ativos não circulantes $ 500
Imobilizado

Passivos circulantes ($ 195)
Empréstimos $ 300
Fornecedores $ 45
Salários e encargos $ 45
Impostos e contribuições $ 30

Passivos não circulantes $ 300
Financiamentos

Patrimônio líquido ($ 330)
Capital social $ 200
Resultados acumulados

ΔNCG $ 375

$ 95 $ 180
$ 100

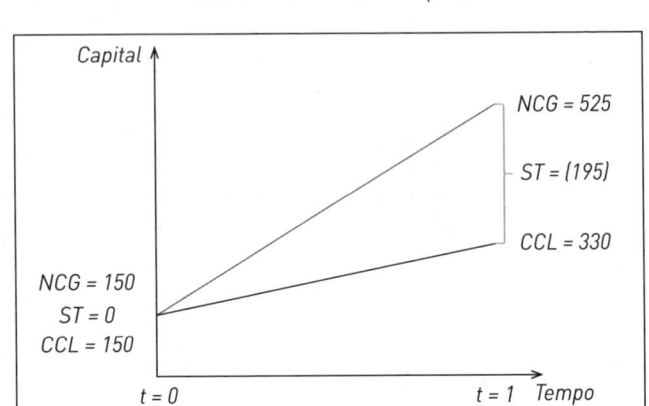

Figura 28
Efeito tesoura (exemplo)

```
Capital
                                    NCG = 525
                                    ST = (195)
                                    CCL = 330
NCG = 150
ST = 0
CCL = 150
   t = 0              t = 1    Tempo
```

Na sequência, apresentamos indicadores que permitem o acompanhamento das estratégias de financiamento e investimento da empresa. Os índices de liquidez corrente (LC), seca (LS) e imediata (LI) permitem o acompanhamento das estratégias de financiamento. Vimos, ainda, que maiores índices de liquidez conduzem à redução dos riscos de insolvência da empresa.

Por meio da análise dos prazos médios de estoques (PME), recebimento (PMR) e compras (PMC) ou pagamento (PMP), encontramos os ciclos operacional (CO) e financeiro (CF). O ciclo operacional (CO) revela o tempo médio que a empresa leva para transformar insumos em caixa, enquanto o ciclo financeiro (CF) indica o tempo de que a empresa precisa para financiar sua operação. Observamos ainda que o aumento no ciclo financeiro (CF) provoca aumentos nos investimentos em NCG, obrigando a empresa a buscar novas fontes de recursos onerosos (dívida e capital próprio) para recompor sua liquidez. Assim, poderemos utilizar esses indicadores para acompanhar e revisar as políticas de curto prazo que influenciam os investimentos em NCG.

Por fim, analisando os indicadores apresentados ao longo do capítulo, investigamos as razões que levam as empresas ao efeito tesoura, resultando assim em eventuais problemas de solvabilidade por erros cometidos nas estratégias de financiamento e investimento em capital de giro.

3
O orçamento de caixa e a gestão de tesouraria

No primeiro e segundo capítulos do livro, vimos conceitos e métricas relevantes para gestão do capital de giro. Entendendo-os, poderemos evitar riscos de insolvência resultantes de erros na gestão do capital de giro. Contudo, esse planejamento dependerá ainda da elaboração de projeções que permitam visualizar desempenhos econômico-financeiros futuros, assunto de que trataremos a seguir.

Neste capítulo, apresentamos o orçamento de caixa pelo método indireto, instrumento que permite estimar o desempenho econômico e financeiro futuro da empresa. Esse método de orçamento permite estimar, entre outros, o desempenho futuro das contas de tesouraria (ACF e PCF). Abordamos ainda, neste capítulo, os principais modelos de gestão das contas de tesouraria e os fundamentos que balizam a relação entre empresas e instituições financeiras.

O método indireto de orçamentação e o fluxo de caixa

A elaboração do orçamento pelo método indireto de fluxo de caixa é um instrumento de estimação do desempenho econômico-financeiro futuro da empresa. Esse método faz a integração dos balanços patrimoniais (BP) de dois períodos, por exemplo, T = 0 e T = 1, por intermédio das demonstrações de resultado do exercício

(DRE) e fluxos de caixa projetados para o período decorrido entre T = 0 e T = 1. Para que possamos elaborar um orçamento de caixa pelo método indireto precisaremos:

- do balanço patrimonial da data 0 (BP em T = 0);
- estimar a demonstração do resultado do exercício no período decorrido entre T = 0 e T = 1;
- estimar o fluxo de caixa no período decorrido entre T = 0 e T = 1;
- reprojetar o balanço patrimonial no período na data 1 (BP em T = 1).

Balanço patrimonial do período da data 0 (BP em T = 0)

No capítulo 1, vimos que o balanço patrimonial (BP) é a peça contábil que evidencia a situação patrimonial de uma empresa no encerramento do período em uma determinada data. Suas contas são classificadas entre ativos, passivos e patrimônio líquido. Na seção intitulada "Financiamento das operações e capital circulante líquido (CCL)", propusemos novas classificações para ativos e passivos circulantes, separando-os por natureza (operacional e financeira). Dentro dessa metodologia, podemos reclassificar os ativos e passivos de longo prazo. Ativos não circulantes passariam ao *status* de ativos de longo prazo (ALP), pela natureza permanente. Passivos não circulantes, normalmente empréstimos e financiamentos de longa duração, seriam tratados como dívidas de longo prazo (DLP). O patrimônio líquido passaria a ser classificado como capital dos sócios (S). Assim chegaríamos a:

- ativos circulantes financeiros (ACF);
- ativos circulantes operacionais (ACO);

- ativos de longo prazo (ALP);
- passivos circulantes financeiros (PCF);
- passivos circulantes operacionais (PCO);
- dívidas de longo prazo (DLP);
- sócios (S).

Com base no exemplo do quadro 19, teríamos o BP reclassificado conforme o quadro 23.

Quadro 23
Exemplo de balanço patrimonial reclassificado em T = 0

Período t = 0			
ACF Disponibilidades	$ 100	PCF Empréstimos	$ 100
ACO Contas a receber Estoques	$ 300 $ 100	PCO Fornecedores Salários e encargos Impostos e contribuições	$ 200 $ 30 $ 20
		DLP Financiamentos	$ 300
AF Imobilizado	$ 500	S Capital social Resultados acumulados	$ 200 $ 150
Ativo total	$ 1.000	Passivo total	$ 1.000

Assim, utilizando os dados apresentados no quadro 19 do livro e a reclassificação proposta neste tópico, teremos um total de investimentos em ativos de $ 1.000, dos quais $ 100 em ativos circulantes financeiros (AFC), $ 400 em ativos circulantes operacionais (ACO) e $ 500 em ativos fixos (AF). Esses investimentos são financiados por $ 100 de passivos circulantes financeiros (PCF), $ 200 de passivos circulantes operacionais (PCO), $ 300 com dívidas de longo prazo (DLP) e $ 350 com recursos dos sócios (S).

Demonstração de resultado do exercício no período decorrido entre T = 0 e T = 1

A demonstração de resultado do exercício projetado entre T = 0 e T = 1 estima o desempenho econômico da empresa com base em premissas para receitas brutas e suas deduções, custos e despesas operacionais e financeiras, determinando então o esperado resultado, lucro ou prejuízo. O quadro 24 apresenta a estrutura para a DRE projetada.

Quadro 24
Estrutura da demonstração de resultado do exercício projetada

Receita bruta
(-) Deduções da receita
(-) Custo produto/mercadoria/serviço vendido
(-) Despesas comerciais
(-) Despesas administrativas
(+/-) Despesas/receitas financeiras
(-) Impostos de renda e contribuição social
(=) Lucro líquido

Consideremos agora, para o exemplo apresentado no quadro 19, os seguintes resultados para contas de DRE anual projetada entre T = 0 e T = 1, conforme quadro 25.

Considerando o exemplo do quadro 25, teremos receitas anuais de $ 1.800, que, assim como os demais dispêndios (custos, despesas e impostos), foram estimadas com base nos resultados mensais obtidos, multiplicados pelos 12 meses do ano. Assim, o lucro líquido apurado no período foi de $ 180.

Quadro 25
Exemplo de demonstração do resultado
do exercício entre T = 0 e T = 1

DRE projetada em t = 1			ao mês
Receita	1.800		$ 150
(-) Custo	(900)		($ 75)
(-) Despesas operacionais	(540)	× 12	($ 45)
(-) Despesas financeiras	(90)	meses	($ 7,5)
(-) Imposto de renda	(90)		($ 7,5)
(=) Lucro líquido	180		$ 16,25

Fluxo de caixa projetado entre T = 0 e T = 1

A presença de um resultado econômico positivo (lucro líquido) não implica obrigatoriamente que a empresa gere fluxo de caixa (dinheiro) no período. Os fluxos de caixa diferem do resultado contábil (lucro ou prejuízo) em função das variações das contas de ativos e passivos que constam no balanço patrimonial. Os ajustes que transformam lucro líquido em fluxo de caixa envolvem: (1) o retorno da depreciação; saídas com investimento e entradas de eventuais desinvestimentos em (2) ativos fixos e (3) variações da NCG (Δ NCG); (4) amortização de dívidas; e (5) captação de novas dívidas. O quadro 26 apresenta a sequência de contas utilizadas para a determinação do fluxo de caixa projetado pelo método indireto.

Quadro 26
Estrutura do método indireto do fluxo de caixa projetado

	Lucro líquido
①→	(+) Depreciação
②→	(-) Investimentos em ativos fixos
③→	(-) Investimentos em necessidade de capital de giro (Δ NCG)
④→	(-) Amortização de dívidas
⑤→	(+) Captação de novas dívidas
	(=) Fluxo de caixa

onde:

- Depreciação = desgaste contábil do ativo que não configura efetiva saída de caixa;
- Investimento em ativos fixos = dispêndio com investimento em novos ativos não circulantes;
- Investimentos em necessidade de capital de giro = diferença da NCG entre T = 1 e T = 0;
- Amortização de dívidas = parcela da prestação paga ao credor que não configura o pagamento de juros, ou seja, devolução parcial ou total das dívidas captadas pela empresa;
- Captação de novas dívidas = entradas de recursos provenientes de novos financiamentos.

Mas de onde surgem os ajustes que transformam lucro em caixa? Conforme conceitos de origem e aplicação apresentados na seção "Origem do termo 'capital de giro'", no capítulo 1 deste livro, definimos a soma de passivos e patrimônio líquido como a origem de recursos que financiam a empresa, enquanto os ativos, onde tais recursos são investidos. Logo, variações positivas nas contas de passivos seriam novos financiamentos e aumentam os saldos de caixa. Variações positivas dos ativos implicam maiores investimentos e reduzem a geração de caixa da empresa.

Na figura 29, observaremos que os lucros líquidos não distribuídos incrementam o patrimônio líquido, aqui "batizado" de sócios. A conta depreciação reduz o ativo fixo, enquanto os investimentos em capital (investimentos em ativo fixo) o aumentam. Maiores investimentos em necessidade de capital de giro (ΔNCG), resultado de variações de ACO e PCO, reduzem o fluxo de caixa. Por fim, a amortização de dívidas reduz a geração de caixa, enquanto a captação de novas dívidas a aumenta.

Figura 29
Método indireto do fluxo de caixa
e a variação das contas patrimoniais

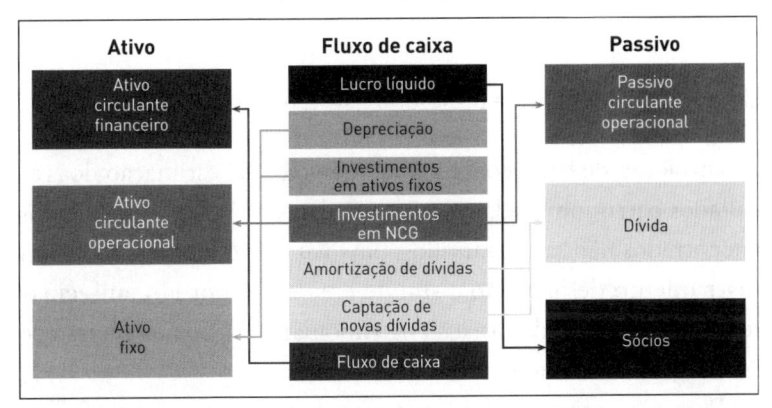

Ativo	Fluxo de caixa	Passivo
Ativo circulante financeiro	Lucro líquido	Passivo circulante operacional
	Depreciação	
	Investimentos em ativos fixos	
Ativo circulante operacional	Investimentos em NCG	Dívida
	Amortização de dívidas	
	Captação de novas dívidas	
Ativo fixo		Sócios
	Fluxo de caixa	

O fluxo de caixa, por sua vez, representa o excedente de dinheiro gerado no período e incrementa o saldo de ACF: disponibilidades ou aplicações financeiras. Quando a empresa distribuir dividendos aos sócios, teremos uma redução do mesmo montante nos saldos de lucros acumulados de patrimônio líquido e disponibilidades (ativo), reequilibrando ativos e a soma dos passivos totais.

Com base no exemplo do quadro 19, o quadro 27 demonstra o fluxo de caixa projetado entre T = 0 e T = 1.

Quadro 27
Exemplo de fluxo de caixa projetado entre T = 0 e T = 1

Fluxo de caixa projetado em t = 1		
Lucro líquido	$ 180	
(+) Depreciação	$ 100	
(-) Investimentos em ativos fixos	($ 100)	Δ ACO (500)
(-) Δ NCG	($ 375)	Δ PCO 125
(-) Amortização de dívidas	$ 0	
(+) Captação de novas dívidas	$ 95	
(=) Fluxo de caixa	($ 100)	

Considerando o lucro líquido de $ 180 projetado entre T = 0 e T = 1 e variações nas contas patrimoniais apresentados no quadro 27, encontramos um fluxo de caixa negativo de $ 100 para T = 1.

Balanço patrimonial reprojetado (BP em T = 1)

A reprojeção de balanço é uma metodologia de estimação dos resultados patrimoniais da empresa em datas futuras. Os resultados encontrados não são garantidos, uma vez que o método não é um instrumento de precisão e sim de *previsão*. Contudo, antecipar tendências futuras da situação patrimonial nos ajuda na revisão de estratégias e planejamento de ações corretivas.

Para projetar os saldos das contas balanço numa data futura (BP em T = 1), partiremos dos saldos do período anterior (BP em T = 0), que serão ajustados pelas variações das contas de ativos e passivos e PL projetados no fluxo de caixa do período (FC em T = 1), conforme figura 30.

Figura 30
Balanços patrimoniais em T = 0 e T = 1
integrados pelo fluxo de caixa

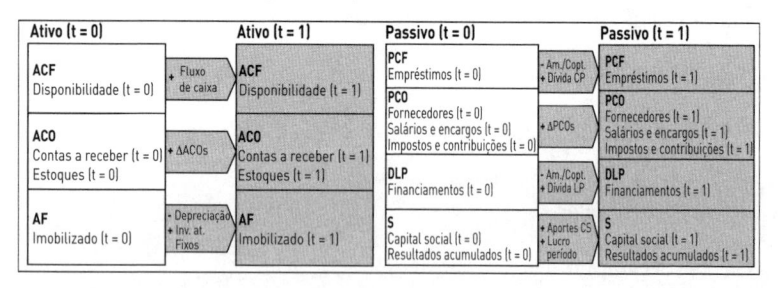

Ativo (t = 0)		Ativo (t = 1)	Passivo (t = 0)		Passivo (t = 1)
ACF Disponibilidade (t = 0)	+ Fluxo de caixa	ACF Disponibilidade (t = 1)	PCF Empréstimos (t = 0)	- Am./Copt. + Dívida CP	PCF Empréstimos (t = 1)
ACO Contas a receber (t = 0) Estoques (t = 0)	+ ΔACOs	ACO Contas a receber (t = 1) Estoques (t = 1)	PCO Fornecedores (t = 0) Salários e encargos (t = 0) Impostos e contribuições (t = 0)	+ ΔPCOs	PCO Fornecedores (t = 1) Salários e encargos (t = 1) Impostos e contribuições (t = 1)
			DLP Financiamentos (t = 0)	- Am./Copt. + Dívida LP	DLP Financiamentos (t = 1)
AF Imobilizado (t = 0)	- Depreciação + Inv. at. Fixos	AF Imobilizado (t = 1)	S Capital social (t = 0) Resultados acumulados (t = 0)	+ Aportes CS + Lucro período	S Capital social (t = 1) Resultados acumulados (t = 1)

Com base nos dados do quadro 19, a figura 31 apresenta o BP em T = 0 e T = 1. Destacamos a influência das variações ACO (ΔACO = $ 500) e PCO (ΔPCO = $ 125) na NCG (ΔNCG = 375).

Figura 31
Exemplo de integração dos balanços patrimoniais em T = 0 e T = 1

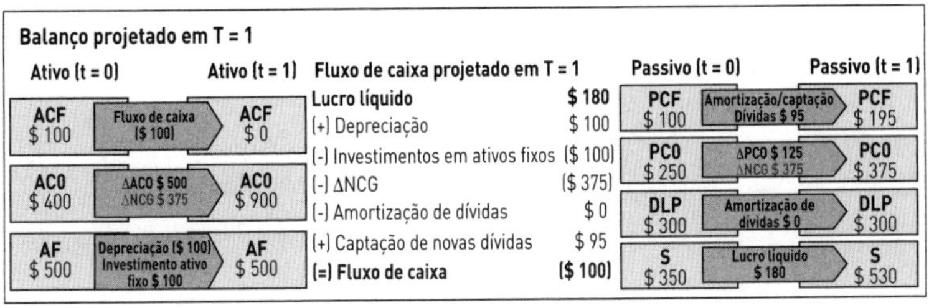

Balanço projetado em T = 1						
Ativo (t = 0)	Ativo (t = 1)	Fluxo de caixa projetado em T = 1		Passivo (t = 0)		Passivo (t = 1)
ACF $ 100	Fluxo de caixa ($ 100) → ACF $ 0	Lucro líquido	$ 180	PCF $ 100	Amortização/captação Dívidas $ 95	PCF $ 195
		(+) Depreciação	$ 100			
ACO $ 400	ΔACO $ 500 ΔNCG $ 375 → ACO $ 900	(-) Investimentos em ativos fixos	($ 100)	PCO $ 250	ΔPCO $ 125 ΔNCG $ 375	PCO $ 375
		(-) ΔNCG	($ 375)			
AF $ 500	Depreciação ($ 100) Investimento ativo fixo $ 100 → AF $ 500	(-) Amortização de dívidas	$ 0	DLP $ 300	Amortização de dívidas $ 0	DLP $ 300
		(+) Captação de novas dívidas	$ 95			
		(=) Fluxo de caixa	($ 100)	S $ 350	Lucro líquido $ 180	S $ 530

Na figura 31, vimos o efeito das variações nas contas patrimoniais (ativos e soma de passivos e patrimônio líquido) no fluxo de caixa e risco de insolvência da empresa. Tais variações são o resultado, principalmente, das políticas de investimentos em estoques e negociações com clientes e fornecedores.

No tópico a seguir, apresentaremos os conceitos utilizados na moderna gestão de tesouraria, instrumentos-chave para determinação de políticas para os níveis de investimentos em caixa que nos auxiliem a manter os níveis de solvabilidade da empresa em patamares aceitáveis.

Gestão de tesouraria

A gestão das contas de tesouraria diz respeito ao controle das movimentações financeiras que afetam o saldo de tesouraria e, consequentemente, as contas de ativos e passivos circulantes financeiros (ACF e PCF), conforme observamos na figura 32.

Empresas definem suas políticas de investimento em ativos circulantes financeiros (ACF), conforme seus objetivos estratégicos. Entre as razões para manutenção de investimentos em ACF, destacamos:

- transação: equilibrar a falta de sincronia entre recebimentos e pagamentos;
- precaução: enquanto os pagamentos são "certos", os recebimentos são "incertos";
- especulação: oportunidade de aquisição de mercadorias com descontos, por exemplo;
- liquidez: em período de retração no crédito, quando o dinheiro é mais escasso.

Figura 32
Elementos da gestão de tesouraria

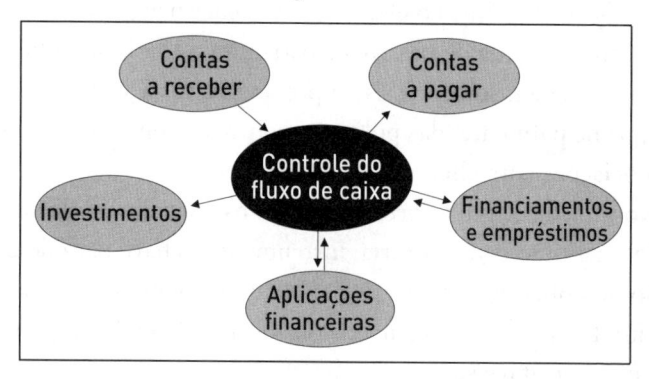

[Diagrama: Controle do fluxo de caixa conectado a Contas a receber, Contas a pagar, Financiamentos e empréstimos, Aplicações financeiras, Investimentos]

Muitos trabalhos acadêmicos têm sido dedicados à elaboração de modelos de gestão dos investimentos em caixa. Apresentaremos três desses modelos: o caixa mínimo operacional, o modelo de Baumol e o modelo de Miller-Orr.

Caixa mínimo operacional

O caixa mínimo operacional considera que o montante ideal de caixa deve guardar relação com os desembolsos operacionais e tempo de giro desses investimentos. Desembolsos operacionais são impostos, custo e despesas operacionais e financeiras presentes na demonstração DRE. Movimentações como despesas e receitas não operacionais, resultantes de liquidação de patrimônio, não serão computadas. Com base no exemplo apresentado no quadro 2, o quadro 28 apresenta o cálculo de desembolsos operacionais de $ 1.020.

Quadro 28
Exemplo de demonstração de resultado do exercício

Receita	1.200
(-) Custo	(600)
(-) Despesas operacionais	(360)
(-) Despesas financeiras	(60) 1.020
(-) Imposto de renda	(60)
(=) **Lucro líquido**	120

O giro de caixa revela o número de vezes que o ciclo financeiro ocorre em determinado período. Podemos encontrar o giro de caixa dividindo o tempo em dias que formou o montante de desembolsos operacionais (normalmente um ano), pelo ciclo financeiro da empresa (CF). A figura 33 apresenta a fórmula do giro de caixa.

Figura 33
Fórmula do giro de caixa para o exercício (ano)

$$\text{Giro de caixa} = \frac{\text{Tempo (em dias)}}{\text{CF (em dias)}}$$

onde:
Giro de caixa = número de vezes que os investimentos em caixa giram no período;
Tempo = intervalo de tempo (mês, trimestre, ano) em dias;
CF = ciclo financeiro em dias.

Com base no cálculo do CF de 30 dias apresentado na figura 23 concluiríamos que os investimentos em caixa giram 12 vezes ao ano (giro de caixa = 360 ÷ 30 = 12).

O caixa mínimo operacional pode ser obtido pela fórmula apresentada na figura 34.

Figura 34
Fórmula do caixa mínimo operacional

$$\text{Caixa mínimo operacional} = \frac{\text{Desembolso operacional}}{\text{Giro de caixa}}$$

onde:

Caixa mínimo operacional = investimento mínimo a ser mantido em caixa;

Desembolsos operacionais = somatório de custos, despesas e impostos;

Giro de caixa = número de vezes que os investimentos em caixa giram no período.

Supondo o exemplo do quadro 28 em que os desembolsos operacionais anuais foram de $ 1.020, e considerando um giro de caixa de 12 vezes ao ano, teremos caixa mínimo operacional ($ 1.020 ÷ 12) de $ 85. Na figura 35, comparamos a estimativa para caixa mínimo operacional de $ 85, com o saldo efetivo da conta disponibilidade de $ 100. Concluímos que a empresa possui uma folga de $ 15 em seus investimentos em caixa.

Tanto pela simplicidade do modelo quanto pela dinâmica do ciclo financeiro, não podemos garantir a solvabilidade de uma empresa somente por adotar a política de caixa mínimo operacional. Contudo, o método oferece uma boa estimativa dos montantes mínimos de caixa para manutenção da solvabilidade. O modelo

Figura 35
Caixa mínimo operacional × investimentos em ACF (exemplo)

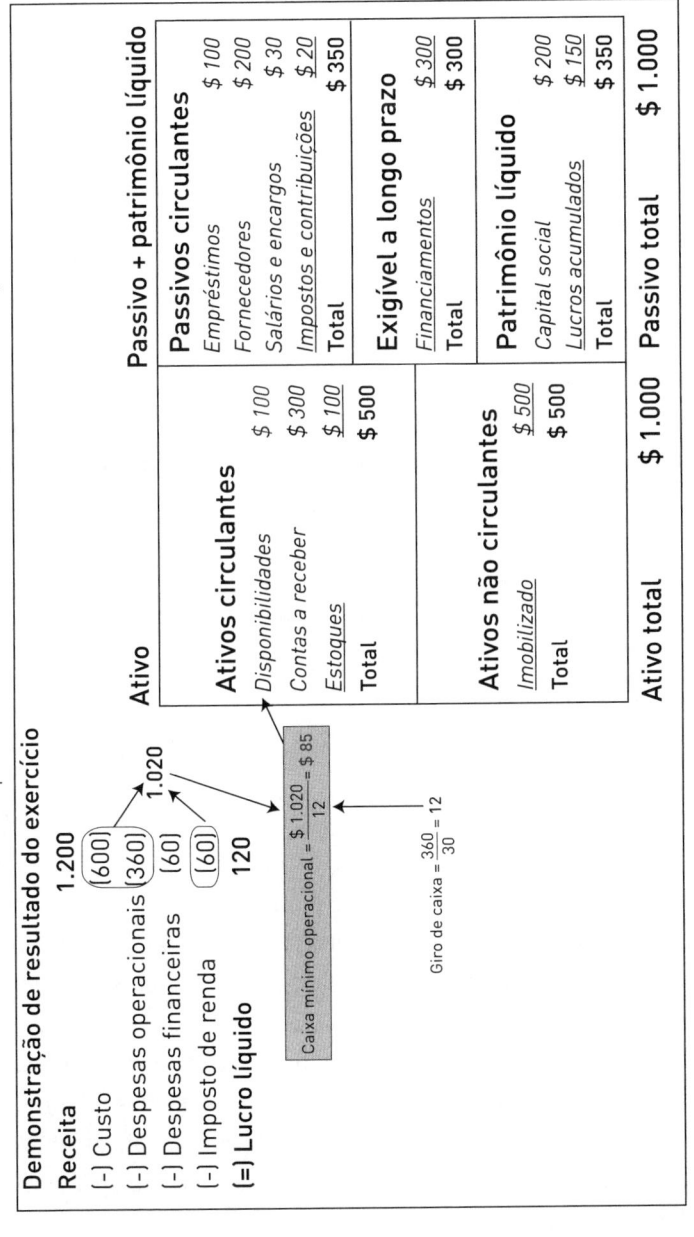

Demonstração de resultado do exercício

Receita	1.200
(-) Custo	(600)
(-) Despesas operacionais	(360)
	1.020
(-) Despesas financeiras	(60)
(-) Imposto de renda	(60)
(=) Lucro líquido	120

Caixa mínimo operacional = $\frac{\$ 1.020}{12} = \$ 85$

Giro de caixa = $\frac{360}{30} = 12$

Ativo

Ativos circulantes
Disponibilidades	$ 100
Contas a receber	$ 300
Estoques	$ 100
Total	$ 500

Ativos não circulantes
Imobilizado	$ 500
Total	$ 500

Ativo total $ 1.000

Passivo + patrimônio líquido

Passivos circulantes
Empréstimos	$ 100
Fornecedores	$ 200
Salários e encargos	$ 30
Impostos e contribuições	$ 20
Total	$ 350

Exigível a longo prazo
Financiamentos	$ 300
Total	$ 300

Patrimônio líquido
Capital social	$ 200
Lucros acumulados	$ 150
Total	$ 350

Passivo total $ 1.000

associa o volume mínimo de caixa ao ciclo financeiro, donde podemos concluir que a manutenção de uma empresa sem investimentos em caixa dependeria da "certeza" de que o ciclo financeiro seria sempre igual a zero.

Modelo de Baumol

O objetivo do modelo de Baumol é racionalizar os investimentos em disponibilidades. O modelo supõe que entradas de caixa aconteceriam de forma periódica, enquanto as saídas seriam constantes. Assim, o modelo se adapta à gestão do caixa de empresas que tenham essa dinâmica, não sendo recomendado para aquelas com flutuações nas entradas e saídas de caixa.

Pelo modelo, novos aportes "C" à conta caixa aconteceriam na forma de "gatilho" quando o saldo de disponibilidades alcançasse zero. "C" é quantia investida em disponibilidade que minimiza os custos de manter dinheiro em caixa. "C ÷ 2" seria o saldo médio da conta caixa. A figura 36 apresenta uma visão gráfica da evolução dos saldos de caixa segundo conceito apresentado pelo modelo Baumol.

Willian Baumol (1952) observou que a evolução dos saldos de caixa tem comportamento semelhante a um "consumo de estoques de dinheiro". A ideia do modelo é minimizar os custos financeiros dos investimentos em caixa e custos fixos de transação na captação de recursos. Maiores volumes investidos em caixa representam menos recursos em aplicações que rendem juros ou mesmo maiores níveis de endividamento, implicando o pagamento de mais juros. Contudo, diminuem a frequência de novos aportes na conta caixa, minimizando custos de transação. O volume "ideal" de aportes ao caixa (C) pode ser encontrado pela fórmula apresentada na figura 37.

O ORÇAMENTO DE CAIXA E A GESTÃO DE TESOURARIA

Figura 36
Evolução dos saldos de disponibilidade
com base no modelo de Baumol

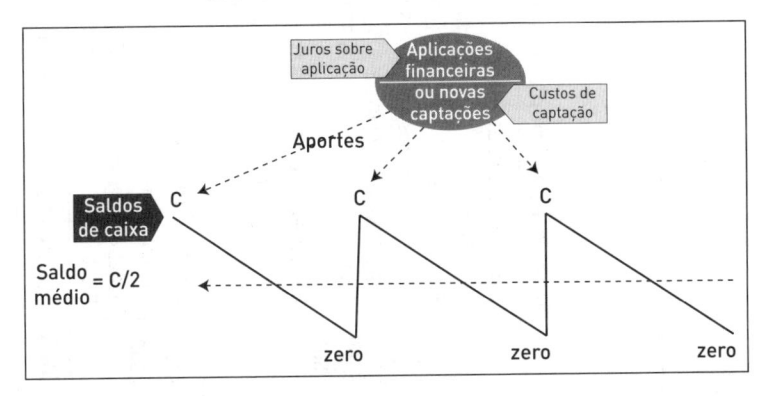

Figura 37
Fórmula: quantia em disponibilidades
"C" pelo modelo de Baumol

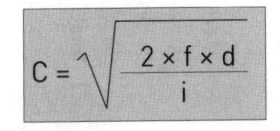

$$C = \sqrt{\frac{2 \times f \times d}{i}}$$

onde:

C = quantia ótima a ser aportada no caixa;
f = custos fixos na transação de venda de títulos ou captação de empréstimos;
d = montante de desembolsos operacionais no período (diário, mensal, anual etc.);
i = custo de oportunidade com renúncia de juros e/ou encargos com dívidas.

Assumindo desembolsos operacionais ao ano (d) de $ 1.020, custos fixos por transação (f) de $ 3,40, custo financeiro (i) de

Figura 38
Investimento em disponibilidade segundo o modelo Baumol (exemplo)

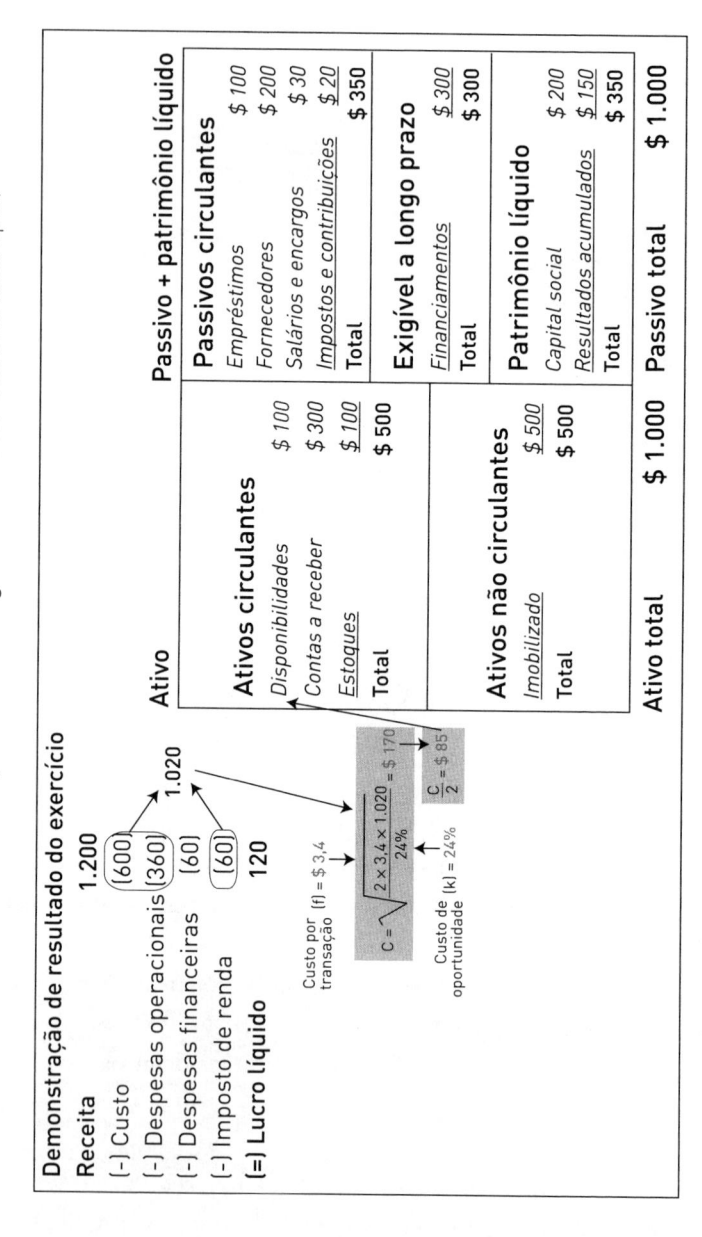

Demonstração de resultado do exercício

Receita	1.200
(-) Custo	(600)
(-) Despesas operacionais	(360) → 1.020
(-) Despesas financeiras	(60)
(-) Imposto de renda	(60)
(=) Lucro líquido	120

Custo por transação (f) = $ 3,4

$$C = \sqrt{\frac{2 \times 3,4 \times 1.020}{24\%}} = \$ 170$$

$\frac{C}{2} = \$ 85$

Custo de oportunidade (k) = 24%

Ativo

Ativos circulantes
Disponibilidades	$ 100
Contas a receber	$ 300
Estoques	$ 100
Total	$ 500

Ativos não circulantes
Imobilizado	$ 500
Total	$ 500

Ativo total $ 1.000

Passivo + patrimônio líquido

Passivos circulantes
Empréstimos	$ 100
Fornecedores	$ 200
Salários e encargos	$ 30
Impostos e contribuições	$ 20
Total	$ 350

Exigível a longo prazo
Financiamentos	$ 300
Total	$ 300

Patrimônio líquido
Capital social	$ 200
Resultados acumulados	$ 150
Total	$ 350

Passivo total $ 1.000

24% ao ano, a figura 38 apresenta o cálculo para (C) novos aportes em disponibilidade e (C ÷ 2) estoques médios segundo modelo de Baumol. Com base na política definida por Baumol, o exemplo da figura 38 determina que novos aportes ao caixa (C) no valor de $ 170 deverão acontecer sempre que o saldo de caixa "zerar", mantendo assim investimentos médios (C ÷ 2) de $ 85 em disponibilidades. A figura 38 apresenta o cálculo dos volumes médios "ideias" de investimentos em caixa, por meio da aplicação do modelo Baumol.

Como desconsidera oscilações nas entradas e saídas de caixa, o modelo Baumol precisa estar associado a políticas complementares que evitem riscos de insolvência. A política de aportes ao caixa antes que este alcance saldo zero é uma delas.

Modelo de Miller-Orr

O modelo de Miller-Orr considera que variações nas entradas e saídas de caixa ocorrem de forma aleatória. Assim, o modelo determina um valor ideal de investimentos em caixa (Z), mas sugere que dentro de determinados limites, mínimo e máximo, os saldos poderão oscilar "livremente". Caso os saldos de caixa ultrapassem o nível máximo (h+), os recursos excedentes devem ser aplicados, e se o caixa ultrapassar o nível mínimo (h-), a empresa deverá recompô-lo. A figura 39 faz referência ao comportamento dos saldos da conta caixa segundo Miller-Orr, definindo ainda níveis mínimo (h-), ideal (z) e máximo (h+) de investimento em caixa.

Investimento em caixa (Z) pode ser encontrado pela fórmula apresentada na figura 40.

Figura 39
Evolução dos saldos de disponibilidade
com base no modelo de Miller-Orr

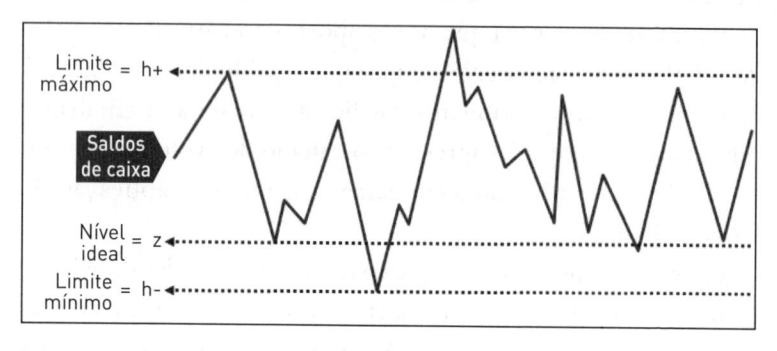

[Gráfico: Limite máximo = h+; Saldos de caixa; Nível ideal = z; Limite mínimo = h-]

Figura 40
Fórmula: nível ótimo de caixa (Z) pelo modelo Miller-Orr

$$Z = \sqrt[3]{\frac{3 \times f \times \sigma^2}{4 \times i}}$$

onde:
f = custos fixos na transação de venda de títulos ou captação de empréstimos;
σ^2 = variância dos saldos líquidos diários de caixa no período t;
i = taxa de juros dos títulos financeiros no período t.

O limite inferior para o saldo de caixa (h-) é originalmente zero, mas pode ter algum valor positivo estipulado mediante política da empresa. Ainda tomando como base os resultados estimados para Z e h-, poderemos determinar o limitante superior (h+) pela fórmula apresentada na figura 41.

Figura 41
Fórmula: limite superior de caixa pelo modelo Miller-Orr

$$h+ = 3 \times Z + h-$$

onde:
Z = nível ótimo de caixa;
h- = limite inferior ou limite mínimo de caixa.

A figura 42 demonstra a evolução diária dos saldos de caixa ao longo do período de 30 dias, apresentando variância da série (σ^2) de $47,07^2$.

Figura 42
Evolução dos saldos de caixa (exemplo)

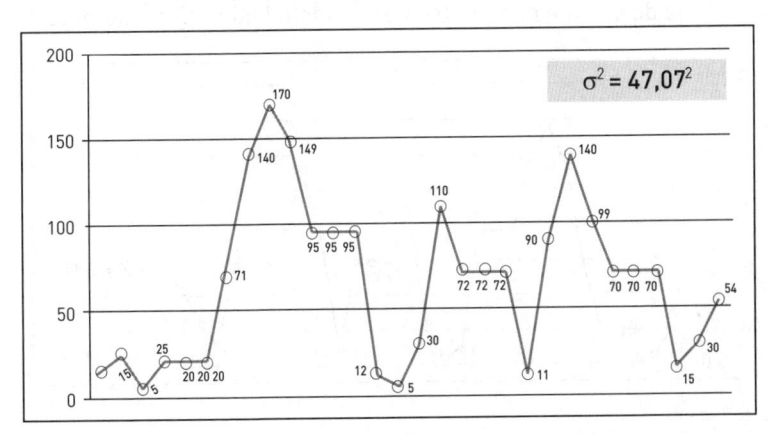

[Gráfico com $\sigma^2 = 47,07^2$, mostrando valores: 13, 5, 25, 20, 20, 20, 71, 140, 170, 149, 95, 95, 95, 110, 12, 5, 30, 72, 72, 72, 90, 11, 140, 99, 70, 70, 70, 15, 30, 54]

A figura 43 apresenta o cálculo de investimentos em disponibilidades (Z) de $ 65, considerando custos fixos por transação (f) de $ 2,60, custo de oportunidade (i) de 2% ao mês e variância (σ^2) de $47,07^2$, conforme aplicação da fórmula proposta por Miller-Orr.

Figura 43
Nível ótimo de disponibilidade segundo
o modelo Miller-Orr (exemplo)

$$Z = \sqrt[3]{\frac{3 \times 2,6 \times 47,07^2}{4 \times 0,02}} = \$\,65$$

Com os resultados para Z = $ 65, e assumindo política mínima de saldo em caixa (h-) de $ 5, encontraremos o limite máximo de disponibilidade (h+) de $ 200, onde: h+ = 3 × $ 65 + $ 5 = $ 200. A figura 44 apresenta a evolução dos saldos de caixa exibidos na figura 41 e os parâmetros Z, h+ e h-, calculados pelo modelo Miller-Orr.

Figura 44
Saldos de caixa e parâmetros do modelo Miller-Orr (exemplo)

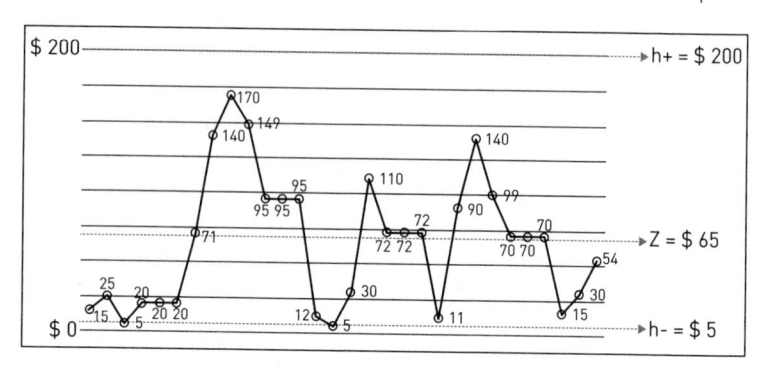

Como o modelo Miller-Orr adota parâmetros históricos de volatilidade na construção de suas políticas, sua adoção não oferece garantia de solvabilidade. Contudo, parece se adequar melhor à gestão das contas de tesouraria para empresas que sofrem flutuações nas entradas e saídas de caixa.

Gestão de tesouraria e mercado financeiro

No tópico anterior apresentamos modelos de gestão e dimensionamento dos investimentos em caixa. Em comum, todos recomendam níveis ótimos de investimento em caixa. As divergências remetem às políticas que cada um propõe. O modelo de caixa mínimo operacional assume uma condição estática para definir o montante a ser investido. Os demais modelos consideram que os saldos de caixa devem flutuar entre saldo máximo e mínimo. No modelo de Baumol, a evolução desses saldos seria constante e previsível. O modelo de Miller-Orr assume comportamentos voláteis para entradas e saídas de caixa.

Complementaremos a visão sobre gestão de tesouraria apresentando o relacionamento entre empresas e os agentes financeiros. Instituições financeiras fazem a intermediação entre poupadores (aqueles com excedentes de dinheiro) e tomadores (os que precisam de dinheiro). Essas instituições suprem tomadores e poupadores com operações/alternativas de captação e aplicação de recursos. Abordaremos as principais operações de captação e aplicação de recursos no curto prazo.

O mercado financeiro e as oscilações nos investimentos em capital de giro

Conforme descrito no capítulo 2, os investimentos em NCG são influenciados pelo comportamento dos ativos e passivos circulantes operacionais (ACO e PCO). Devido a oscilações nas receitas e no tempo de giro das contas de ACO e PCO, os investimentos em NCG sofrem constantes flutuações, fator esse que também provoca oscilação nos saldos de caixa. A figura 45 faz alusão ao comportamento estável dos investimentos em ativos fixos quando comparado à volatilidade dos capitais investidos em NCG. Tal volatilidade resulta da inconstância nos volumes de vendas e prazos de recebimentos, estoques, compras etc. A oscilação dos investimentos em NCG, por sua vez, leva a uma frequência maior de interação entre empresas e mercado financeiro, seja para captar os recursos necessários ao financiamento das operações ou mesmo aplicar os excedentes de caixa. Assim, o relacionamento com instituições financeiras passa a ser uma atividade de rotina da gestão do capital de giro.

Figura 45
Investimentos em ativos, captação e aplicação de recursos

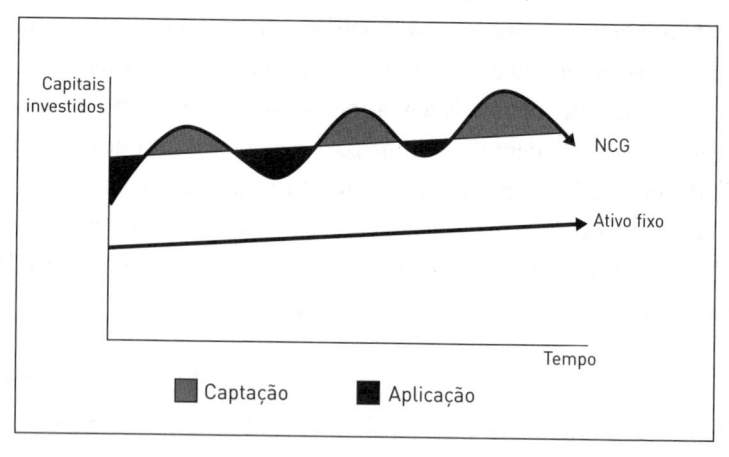

As transferências de recursos entre tomadores e poupadores acabam se processando por intermédio do mercado financeiro. Agentes financeiros estruturam instrumentos financeiros (contratos, operações, títulos negociáveis) permitindo transferir recursos entre tomador (deficitário) e poupador (superavitário). Instituições financeiras são agentes autorizados a estruturar operações de captação e aplicação de recursos, facilitando o processo de transferência entre tomadores e poupadores por cumprir as seguintes funções:

- intermediação entre poupadores e tomadores;
- compatibilização de prazos entre aplicações e captações de recursos;
- compatibilização entre os volumes de resgates e aportes;
- diluição dos riscos pela diversificação das aplicações.

A figura 46 faz alusão ao processo de intermediação, entre poupador e tomador, realizado pelo mercado financeiro.

Figura 46
Intermediação e o mercado financeiro

Assim, o mercado financeiro fornece liquidez e equilíbrio ao sistema, e seus agentes são remunerados pela margem (*spread*) entre juros (J2) recebidos, maiores que juros pagos (J1).

Captação de recursos onerosos de curto prazo

Empresas normalmente não conseguem financiar seu capital de giro apenas por meio das operações, recorrendo assim a instituições financeiras. As linhas de crédito para capital de giro são as mais utilizadas pelas empresas. Destacaremos aqui as mais comuns:

- empréstimos para capital de giro;
- desconto de títulos;
- conta garantida;

- *hot money*;
- *factoring*;
- *vendor*;
- *compror*;
- fundos de investimentos em direitos creditícios (FIDCs).

Empréstimos para capital de giro. São empréstimos de curto ou médio prazo que possuem contratação simplificada e dispensam comprovação do direcionamento dos recursos. Normalmente são liquidados mediante pagamento de prestações periódicas e uniformes, com vencimentos variando entre poucos meses e alguns anos. As taxas efetivamente praticadas variam em função do prazo, fatores econômicos, incidência de impostos e taxas, e *spread* praticado pelo agente.

Desconto de títulos. São antecipações de recebíveis, como duplicatas a receber, cartões etc. A "comercialização" dessas operações envolve a utilização de taxas de deságio, que deduzem determinado percentual sobre os títulos negociados. Logo, as taxas informadas nessas operações são ditas "aparentes", por não serem as "efetivamente" cobradas. Para compararmos operações de desconto de títulos com outras fontes de captação, teremos que converter as taxas informadas (d) em efetivas (i) pela fórmula da figura 47.

Figura 47
Transformação de taxa de desconto comercial (d) em taxa efetiva (i)

$$i\ efetivo = \frac{d}{(1-d)}$$

onde:
 i = taxa de juros efetiva ao período;
 d = taxa aparente (de desconto comercial) ao período.

Conta garantida. São linhas de financiamento no formato de crédito rotativo e garantem liberação de recursos até seu limite, conforme a necessidade de caixa. Juros são cobrados uma vez ao mês.

Hot money. São operações de crédito de curtíssimo prazo, renováveis somente uma vez e garantidas por duplicatas ou promissórias. Têm como prática taxas elevadas, mas que se justificam quando a empresa precisa de recursos por pouco tempo.

Factoring. Por definição, operação de *factoring* transfere direito e risco de um título para o agente financeiro. Na prática, o agente exige garantias colaterais, como promissórias, por exemplo.

Vendor. Operações estruturadas de *vendor* são alternativas de financiamento utilizando a antecipação de recebíveis, com o apelo de alavancagem das vendas. Por conjugar benefícios econômicos e financeiros, tais operações se transformaram numa grande alavanca do setor varejista. Operações de *vendor* podem ser vinculantes, quando a empresa garante os recebíveis, ou não vinculantes. O esquema de um *vendor* pode ser visto na figura 48 onde: (1) clientes recebem mercadoria, (2) instituição financeira analisa o crédito do cliente e repassa valores líquidos de juros à empresa e (3) recebe prestações do cliente.

Figura 48
Operações de *vendor*

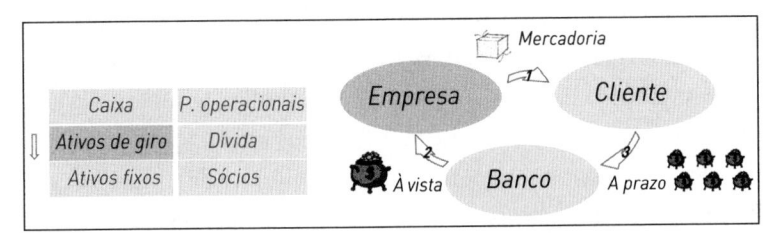

Caixa	P. operacionais
Ativos de giro	Dívida
Ativos fixos	Sócios

Empresa → Mercadoria → Cliente
Banco — À vista / A prazo

Compror. Operação estruturada de *compror* é uma alternativa de financiamento que aproveita a aquisição de insumos para captação de recursos onerosos. Como qualquer operação de crédito, está sujeita a dispêndios com encargos financeiros, que se justificam pelos descontos obtidos em compras à vista. A figura 49 demonstra o esquema de uma operação de *compror*, onde: (1) a empresa recebe insumos do seu fornecedor, (2) instituições financeiras repassam antecipadamente ao fornecedor os valores líquidos de juros e encargos e (3) recebem da empresa vendedora prestações ao longo do tempo.

Figura 49
Operações de *compror*

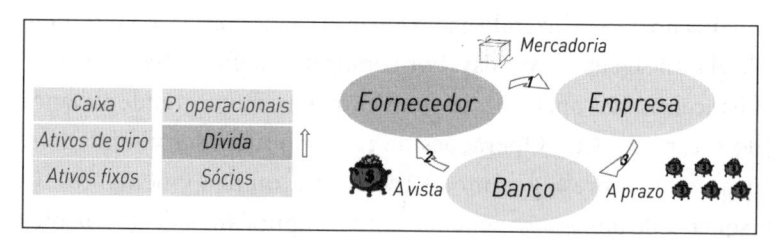

Fundos de investimentos em direitos creditórios (FIDCs). São alternativas de financiamento por meio da venda de recebíveis. As operações são suportadas pela Resolução nº 2.682, do Conselho Monetário Nacional, que classifica carteiras de recebíveis por *rating*, em que recebíveis de menor risco de inadimplência e insolvência são descontados a taxas menores.

Decidir qual a melhor alternativa de captação de recursos passa por comparação de taxas efetivamente praticadas, compatibilização de prazos e montantes. Contudo, devemos ainda avaliar aspectos fiscais, tributários, burocráticos e relacionais da empresa com instituições financeiras. Por fim, não podemos desconsiderar a importância das captações de longo prazo que, como visto no capítulo 1, reduzem o risco de insolvência por elevar os montantes de capital circulante líquido.

Aplicações financeiras de curto prazo

Decisões sobre aplicação dos excedentes de caixa estão intimamente ligadas aos processos de orçamentação e políticas de gestão de caixa, assuntos abordados ao longo deste capítulo. O orçamento produz expectativas para saldos futuros de caixa, fator-chave para determinação dos montantes investidos e tempo de resgate das aplicações. Modelos de investimentos em caixa estabelecem os montantes a serem mantidos em disponibilidade, liberando o restante para aplicação.

A aplicação dos excedentes de caixa tem como objetivo trazer maior rentabilidade à empresa, mas é fundamental que tais recursos sejam aplicados em investimentos de baixo risco. São comuns os relatos de empresas que se ressentem de perdas em aplicações financeiras de maior risco.

Nesta seção, fazemos considerações sobre aplicações financeiras ditas de baixo risco: títulos e fundos de renda fixa públicos e privados. Apresentamos ainda opções de investimentos alternativos oferecidas pela atividade da empresa, por exemplo, a compra de insumos com descontos. Por fim, tratamos da colateralidade entre instituições financeiras e empresas com excedentes em caixa, gerando benefícios em reduções de taxas e custos transacionais.

Títulos de renda fixa

Os títulos de renda fixa são aqueles vinculados a uma dívida e com rendimentos definidos em contrato. Os títulos podem ser classificados pela natureza do seu emissor: (1) instituições públicas, (2) instituições financeiras e (3) obrigações de empresas (debêntures).

Títulos públicos

Títulos públicos são emitidos com a finalidade de financiar o orçamento dos governos. No Brasil os títulos são emitidos pela Secretaria do Tesouro Nacional. Esses ativos são considerados os de menor risco da economia. Podem ser adquiridos mediante abertura de conta junto a um agente financeiro cadastrado. O governo federal garante sua recompra diária. O quadro 29 compara os títulos disponíveis pelo sistema Tesouro Direto, a formação das taxas, os fluxos de recebimento e os custos transacionais de cada opção.

Quadro 29
Características dos títulos públicos emitidos pelo Tesouro Direto

Tipo	Tesouro				
	Selic	IPCA com juros semestrais	IPCA	Prefixado	Prefixado com juros semestrais
Taxa	Pós-fixada	Inflação + prefixada		Prefixada	
	100% Selic	IPCA + *spread* Cupons e principal	IPCA + *spread* principal	Remuneração fixa sobre o principal	Cupons fixos + remuneração fixa sobre o principal
Fluxo	Zero cupom	Cupom semestral	Zero cupom	Zero cupom	Cupom semestral
Custo	Taxa de custódia + 22,5% a 15% IR com redução progressiva				

Os títulos públicos estão sujeitos à alíquota de impostos de renda com reduções progressivas, ou seja, quanto maior o tempo da aplicação, menor a alíquota sobre ganhos de capital e rendimento. A figura 50 apresenta a evolução dos índices da Associação Brasileira das Entidades dos Mercados Financeiro e de Capitais (Ambima) para títulos públicos. A carteira teórica "IMA Geral ex-C" compõe o desempenho médio dos títulos emitidos pela Secretaria do Tesouro Nacional. Os demais índices são determinados pelos indexadores a que estão atrelados: prefixados (IRF-M), pós-fixados atrelados à taxa Selic (IMA-S) e os indexados ao IPCA (IMA-B).

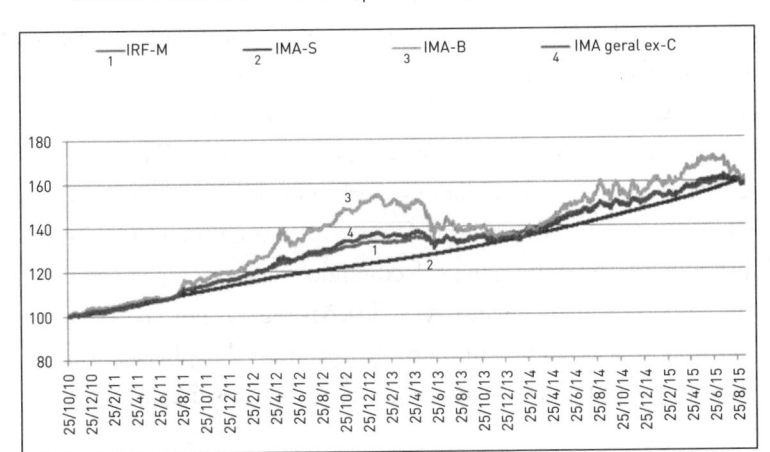

Figura 50
Índices Ambima – Títulos públicos (out. 2010 a set. 2015)

Fonte: Andima.

Como observamos na figura 50, os títulos atrelados à taxa Selic (IMA-S) são aqueles de menor oscilação de preços, resultado de ajuste permanente entre retorno e taxa de desconto (Selic). A maior oscilação percebida no índice "IMA-B" resulta da longa duração dos títulos. Destacamos assim a interferência da duração na volatilidade dos preços de ativos, em que títulos de longa duração são mais sensíveis a flutuações nas taxas de juros que aqueles com prazos de recebimento mais curtos.

Títulos de instituições financeiras

Títulos de instituições financeiras são emitidos pelos bancos para financiar as operações de crédito. Destacaremos aqui os créditos de depósito bancário (CDB), as letras de crédito imobiliário (LCI) e as letras de crédito agrário (LCA). Os títulos podem ter rendimentos fixos (prefixados) ou atrelados a um índice econômico (pós-fixados), sendo o mais comum estarem associados à taxa DI (depósitos interfinanceiros). Depósitos interfinanceiros são instrumentos de transferência de recursos entre instituições financeiras. A taxa DI é a principal referência para cálculo de rentabilidade de títulos bancários e debêntures de empresas. Seu cálculo e divulgação ficam a cargo da Central de Custódia e de Liquidação Financeira de Títulos (Cetip). A versão mais adotada é a taxa DI Over, calculada como base na média das operações diárias transacionadas entre instituições financeiras. Taxa over é uma metodologia que apresenta rendimentos anuais, facilitando assim a comparação entre alternativas de investimento. As aplicações regidas por taxa over têm rendimento atrelado ao número de dias úteis de aplicação (figura 51), em que um ano bancário equivale a 252 dias úteis.

Figura 51
Cálculo dos rendimentos efetivos ao período baseados em taxa over

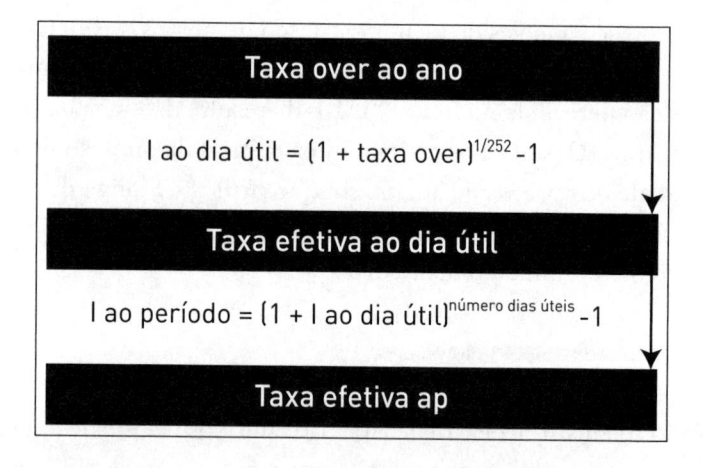

Taxa over ao ano

$I \text{ ao dia útil} = (1 + \text{taxa over})^{1/252} - 1$

Taxa efetiva ao dia útil

$I \text{ ao período} = (1 + I \text{ ao dia útil})^{\text{número dias úteis}} - 1$

Taxa efetiva ap

Ao investir em um título remunerado pela metodologia de taxa over, o investidor obterá rendimentos somente pelos dias úteis em que seus recursos ficarem aplicados, excluindo-se, portanto, os feriados e fins de semanas.

CDBs

São títulos nominativos privados emitidos por instituições financeiras e vendidos ao público como forma de captação de recursos. Eles são negociados a taxas pré e pós-fixadas, tendo como formato mais comum um percentual sobre a taxa DI (exemplo: 98% do DI). Seus prazos e condições variam de instituição para instituição, e a rentabilidade efetiva está sujeita à incidência de imposto sobre operações financeiras (IOF) e imposto de renda (IR). As alíquotas IR seguem a mesma regra de progressão dos títulos públicos (15% a 22,5%). Aplicações em CDB são garantidas do Fundo Garantidor de Crédito (FGC) até o limite de R$ 250 mil por instituição financeira e por CPF. Investidores interessados em obter a garantia do FGC sobre montantes superiores a R$ 250 mil deverão distribuir seus recursos em mais de uma instituição financeira.

LCI e LCA

Letras de crédito imobiliário (LCI) são títulos lastreados por hipoteca ou por alienação fiduciária de coisa imóvel. Esse instrumento foi criado para incentivar o mercado de crédito imobiliário no país. Letras de crédito agrícola (LCA) têm como objetivo ampliar os recursos disponíveis ao financiamento do agronegócio. LCIs e LCAs são custodiadas pelos bancos e registradas na Cetip. Podem ter valores atrelados a algum índice de inflação acrescido de *spread*, ou, como é mais comum, a um percentual do índice DI (exemplo: 105% do DI). As LCAs e LCIs são isentas de IR, trazendo rentabilidades efetivas maiores. São garantidas pelo FGC dentro dos mesmos critérios do CDB. A principal desvantagem das LCAs e LCIs é a ausência de liquidez durante a carência, normalmente de 90 dias após a aplicação. Nesse período o investidor não poderá realizar saques. Assim, esses investimentos não são recomendados para empresas que possam precisar recorrer a essas aplicações ao longo do prazo de carência.

Os produtos criados por instituições financeiras (CDB, LCA, LCI etc.) têm como virtudes a praticidade e a proximidade com o agente financeiro. Lembre que a relação entre empresa e agente financeiro não se resume a investir os excedentes de caixa. Em outros momentos, a empresa poderá recorrer à instituição financeira a fim de obter recursos para financiamento das atividades. Ao investir em títulos emitidos por instituições financeiras, a empresa pode criar uma importante relação de reciprocidade. Abordaremos esse assunto novamente no tópico sobre "colateralidade entre instituições financeiras e empresas com caixa excedente".

Títulos de obrigações de empresas

Obrigações emitidas por empresas, conhecidas como debêntures, são alternativas de investimentos em que os retornos são definidos no momento da emissão (renda fixa). Debêntures são instrumentos financeiros de desintermediação usados por empresas de sociedade anônima (S.A.) para captar dívidas de longo prazo a taxas baixas. Podem ser simples ou conversíveis em ações, contar ou não com garantias, pagar ou não cupom. A Lei nº 6.404/1976 (Lei das S.A.) é o texto que regula a emissão de debêntures. A escritura de emissão de uma debênture é o documento que especifica direitos dos debenturistas e deveres dos emitentes, tais como: valor, rendimento, data de emissão e vencimento, cláusula de aquisição e resgate etc.

Os rendimentos de uma debênture podem ser pré ou pós-fixados, sendo o mais comum um *spread* sobre a taxa DI (exemplo: DI + 1,5%). O cálculo do *spread* é estipulado pelo fator de risco de inadimplência da empresa emitente, conhecido como *rating*. Debêntures de alta qualidade têm *rating* melhor e pagam juros menores que as de baixa qualidade. A tributação segue a regra de alíquota de IR com benefícios progressivos dos títulos públicos e CDBs. A exceção são as debêntures incentivadas, títulos emitidos por empresas de infraestrutura e que não pagam impostos, mas que normalmente possuem carência para o início dos pagamentos.

Fundos de renda fixa

Um fundo é uma forma de aplicação financeira composta pela união de vários investidores, visando a determinado objetivo ou retorno esperado. São divididas as receitas e despesas geradas pelo empreendimento. Para ser classificado como de renda fixa, um fundo precisará manter ao menos 80% do montante de investimentos em ativos dessa natureza. A gestão do fundo é realizada por especialistas contratados, que tratam dos aspectos operacionais, jurídicos e legais. Os fundos possuem carteiras de ativos de renda fixa públicos e privados. O principal fator de risco é a flutuação na taxa de juros. O quadro 30 apresenta a classificação dos fundos de renda fixa segundo a CVM.

Quadro 30
Categoria dos fundos de renda fixa

Classe	Sufixos	Características
Renda fixa	Curto prazo	Títulos com prazo máximo de 375 dias e prazo médio da carteira inferior a 60 dias.
	Longo prazo	Compromete-se a obter o tratamento fiscal destinado a fundos de longo prazo.
	Referenciado	Mínimo de 95% em renda fixa, dos quais 80% em títulos públicos e/ou de baixo risco.
	Simples	Mínimo de 95% em títulos públicos ou papéis de instituições financeiras com risco equivalente. Seus documentos serão disponibilizados eletronicamente aos cotistas.
	Dívida externa	Aplica ao menos 80% em títulos da dívida externa da União.

Alternativas de investimentos oferecidas pela própria atividade

Devemos considerar ainda as oportunidades de investimentos oferecidas pela própria atividade operacional da empresa. A compra de insumos/produtos com descontos para pagamento à vista, por exemplo, pode trazer um resultado financeiro melhor que as alternativas disponíveis no mercado financeiro. Devemos considerar ainda que tais descontos não pagam encargos, taxas e tributação, diferentemente de aplicações financeiras. Tais estratégias dependem da parceria entre os departamentos (compras e financeiro), obtendo o máximo resultado da negociação com fornecedores.

Colateralidade entre instituições financeiras e empresas com caixa excedente

São notórias as vantagens de empresas com grandes excedentes em caixa quando negociam com instituições financeiras. Tais vantagens remetem ao aumento do poder de barganha da empresa junto às instituições financeiras e são aqui definidas como "colateralidade". A colateralidade com os agentes financeiros pode reduzir taxas de captação, aumentar limites de crédito e prazos para pagamento de empréstimos. Devemos considerar ainda a possibilidade de busca por simetria das condições obtidas com bancos concorrentes. Assim, estratégias de maximização da colateralidade podem: (1) aumentar os limites de crédito; (2) reduzir taxas de juros; (3) alongar prazos de liquidação de dívidas; (4) ampliar o relacionamento com instituições financeiras; (5) melhorar a percepção de risco; (6) melhorar o *rating*; e (7) evitar o efeito tesoura com maiores linhas de longo prazo. O aproveitamento das oportunidades oriundas da colateralidade entre empresas e instituições financeiras tem sido foco de diversos estudos acadêmicos que buscam mensurar seus benefícios.

O ORÇAMENTO DE CAIXA E A GESTÃO DE TESOURARIA

Resumo do capítulo

Nos dois primeiros capítulos do livro, apresentamos os fatores que determinam se uma empresa enfrentará ou não os problemas de liquidez resultantes de erros na gestão do capital de giro. Para que possamos reverter esse quadro, é fundamental que a empresa desenvolva métodos de estimação da sua situação econômica e financeira no futuro. Assim, iniciamos este capítulo apresentando um método indireto de determinação do fluxo de caixa que permite, entre outros, estimarmos os demonstrativos financeiros futuros da empresa.

Em seguida, apresentamos os principais modelos de planejamento e gestão dos investimentos em caixa, os quais podem ser adaptados para qualquer tipo de empresa. Entendemos que as oscilações na NCG provocam uma integração intensa entre empresas e agentes financeiros, tanto na captação quanto na aplicação de recursos, gerando assim um relacionamento constante entre os agentes envolvidos.

Por fim, cobrimos as principais alternativas de captação e aplicação de recursos fornecidos pelos agentes financeiros. Concluímos que a maioria das empresas não consegue financiar suas atividades com fontes de longo prazo, recorrendo, assim, a linhas de financiamento oneroso de curto prazo. Vimos ainda que o mercado financeiro oferece uma série de alternativas para investimento dos excedentes em caixa, em títulos e fundos compostos por ativos públicos e privados.

No próximo capítulo, apresentaremos instrumentos que permitem o controle dos investimentos em NCG. Esses instrumentos são essenciais para que evitemos grandes oscilações ou mesmo crescimentos excessivos em tais investimentos. O objetivo é evitar riscos de insolvência resultantes do excesso de tesouraria (ST) negativo.

4
Estratégias operacionais de capital de giro

Como visto no primeiro capítulo deste livro, gerir capital de giro diz respeito aos recursos investidos em NCG e à forma como são financiados, medida pelo CCL. Partindo desses conceitos, entendemos como os equívocos nas estratégias de investimento e financiamento do capital de giro podem afetar a liquidez da empresa. Concluímos que empresas convivendo com crescimentos da NCG a taxas superiores ao CCL podem se tornar insolventes por excesso de tesouraria negativa.

Neste capítulo veremos as políticas operacionais que influenciam no controle dos recebíveis, estoques e fornecedores, minimizando o risco de insolvência por excesso de crescimento da NCG.

Gestão de crédito e de recebíveis

O crédito é um dos principais elementos da gestão do capital de giro. Vender a prazo é exigência de muitos mercados, mas implica aumento dos investimentos em recebíveis. Com forte impacto na alavancagem das vendas e lucros, a concessão de crédito acaba reduzindo a liquidez.

Ilustramos, no quadro 31, o efeito da concessão de prazos a clientes (PMR de 90 para 150 dias) na alavancagem de receitas e

Quadro 31

Demonstração de resultado e balanço patrimonial nas datas T = 0 e T = 1

Período t = 0

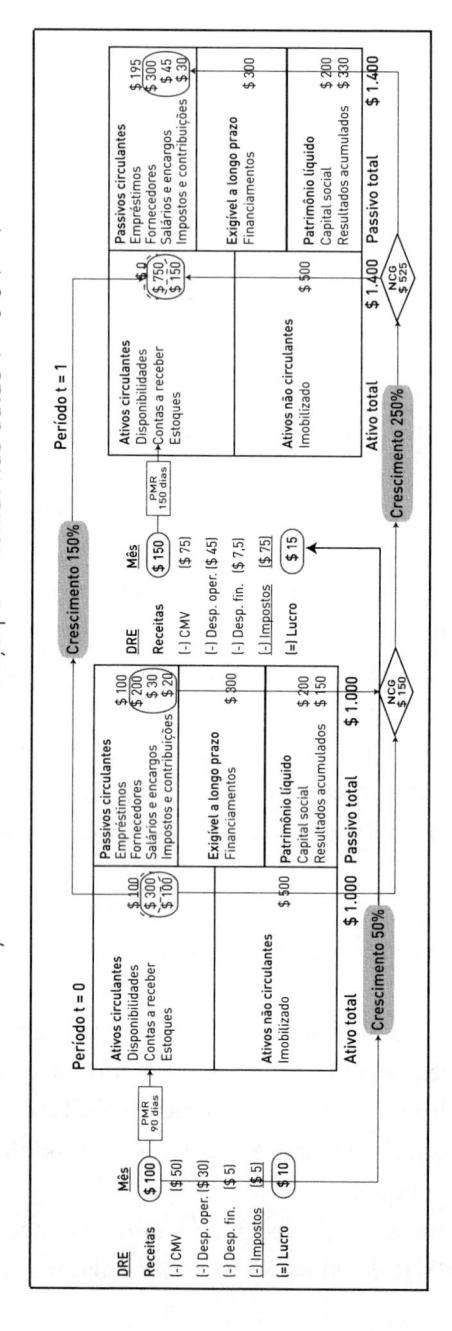

DRE — Mês
- Receitas: $ 100
- (–) CMV: ($ 50)
- (–) Desp. oper.: ($ 30)
- (–) Desp. fin.: ($ 5)
- (–) Impostos: ($ 5)
- (=) Lucro: $ 10

PMR 90 dias

Ativos circulantes
- Disponibilidades $ 100
- Contas a receber $ 300
- Estoques $ 100

Ativos não circulantes
- Imobilizado $ 500

Ativo total $ 1.000

Passivos circulantes
- Empréstimos $ 100
- Fornecedores $ 200
- Salários e encargos $ 30
- Impostos e contribuições $ 20

Exigível a longo prazo
- Financiamentos $ 300

Patrimônio líquido
- Capital social $ 200
- Resultados acumulados $ 150

Passivo total $ 1.000

NCG $ 150

Crescimento 50% (Ativo total)
Crescimento 150% (Receitas)
Crescimento 250% (Ativo total)

Período t = 1

DRE — Mês
- Receitas: $ 150
- (–) CMV: ($ 75)
- (–) Desp. oper.: ($ 45)
- (–) Desp. fin.: ($ 7,5)
- (–) Impostos: ($ 7,5)
- (=) Lucro: $ 15

PMR 150 dias

Ativos circulantes
- Disponibilidades $ 0
- Contas a receber $ 750
- Estoques $ 150

Ativos não circulantes
- Imobilizado $ 500

Ativo total $ 1.400

Passivos circulantes
- Empréstimos $ 195
- Fornecedores $ 300
- Salários e encargos $ 45
- Impostos e contribuições $ 30

Exigível a longo prazo
- Financiamentos $ 300

Patrimônio líquido
- Capital social $ 200
- Resultados acumulados $ 330

Passivo total $ 1.400

NCG $ 525

lucros em 50%. Contudo, a combinação de prazos e receitas afeta a situação financeira e reduz a liquidez pelo aumento nos investimentos em NCG em 350%. No exemplo, foram considerados crescimentos proporcionais para receita, custos (CMV), impostos, despesas operacionais e financeiras.

Decisões sobre concessão de crédito geram conflitos de interesse entre departamentos de vendas e financeiro. O departamento de vendas tem metas a cumprir, enquanto o departamento financeiro limita o crédito para evitar perdas com recebíveis. Independentemente dos conflitos, quando uma empresa pretende conceder crédito aos clientes, deve estabelecer procedimentos de concessão, monitoramento e controle de recebíveis. A figura 52 apresenta os elementos fundamentais para a gestão de créditos e de recebíveis.

Figura 52
Definição de políticas e procedimentos
para concessão de crédito a clientes

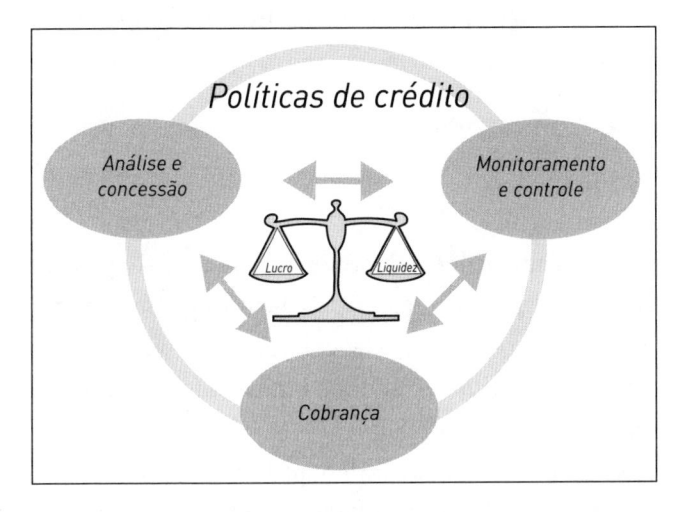

Um processo estruturado de concessão de crédito deverá estabelecer um conjunto de procedimentos divididos em etapas:

(1) definição de políticas; (2) informação para análise; (3) análise dos dados; (4) concessão de crédito; (5) acompanhamento dos recebimentos; e (6) cobrança. A figura 53 revela as etapas de um processo estruturado de concessão de crédito e acompanhamento dos recebíveis.

Figura 53
Etapas do processo de concessão de crédito

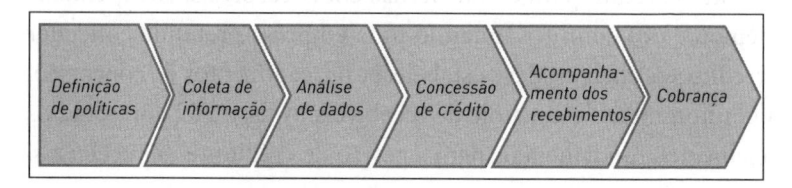

| Definição de políticas | Coleta de informação | Análise de dados | Concessão de crédito | Acompanhamento dos recebimentos | Cobrança |

Gerenciar recebíveis de maneira eficiente envolve um processo que se inicia com a definição de políticas de crédito coerentes com os objetivos econômicos e financeiros da empresa, conforme veremos no tópico a seguir.

Políticas de crédito

Políticas de crédito definem diretrizes para as vendas a prazo, como: limites de crédito, prazos para recebimento, descontos para pagamento antecipado e processo de cobrança. O objetivo é garantir que a empresa maximize vendas e lucros com o menor risco de inadimplência dos recebíveis.

As políticas de crédito visam equilibrar quatro variáveis (v) que interferem na situação econômica e financeira da empresa: (v1) volume de vendas; (v2) risco de inadimplência e insolvência dos recebíveis; (v3) investimentos em contas a receber; e (v4) controle dos recebíveis. Essas quatro variáveis (v), por sua vez, serão influenciadas por quatro políticas de crédito (PC): (PC1) padrão; (PC2) prazo; (PC3) desconto; e (PC4) cobrança.

Padrão (PC1) refere-se ao critério mínimo para liberação de crédito. Padrões rígidos reduzem (v1) as vendas, (v2) riscos de não recebimento, (v3) investimentos em recebíveis e (v4) gastos com controle dos recebimentos.

Prazo (PC2) tem relação com o tempo dos recebimentos. Maiores prazos de recebimento aumentam (v1) as vendas, (v2) os riscos de não recebimento, (v3) os investimentos em recebíveis e (v4) os dispêndios com o controle dos recebimentos.

Descontos (PC3) maiores para antecipação de recebíveis conduzem ao aumento (v1) das vendas, mas reduzem (v2) os riscos de não recebimento, (v3) investimentos em recebíveis e (v4) dispêndios com o controle dos recebimentos.

Cobrança (PC4) envolve as estratégias de recebimento dos atrasados. Estratégias de cobrança mais rígidas desgastam a relação com o cliente e afetam negativamente (v1) as vendas. Contudo, reduzem (v2) inadimplência e insolvência, (v3) investimentos em recebíveis e (v4) dispêndios com o controle dos recebimentos.

Ajustes nas políticas (PC) de crédito (padrão, prazo, desconto e cobrança) são o "caminho" para melhorar o desempenho econômico e financeiro. Empresas com baixo desempenho econômico e recursos para financiar seu crescimento poderão obter o resultado desejado com padrão (PC1) de liberação de crédito mais flexível, prazos (PC2) de recebimentos maiores e cobrança (PC4) menos rígida. Caso a empresa necessite reduzir investimentos em recebíveis, poderá adotar políticas (PC1) restritivas ao crédito e conceder maiores descontos (PC3) para receber à vista. Cabe ao gestor encontrar a harmonia entre as quatro políticas (PC) a fim de obter o resultado desejado.

O quadro 32 apresenta uma matriz de influência das políticas de crédito (PC) nas variáveis (v) que influenciam a situação econômica e financeira da empresa.

Quadro 32
Influência das políticas de crédito nas variáveis de desempenho

Variáveis (v) × Políticas (PC)	Padrão (PC1)		Prazo (PC2)		Desconto (PC3)		Cobrança (PC4)	
Critérios	Flexível	Rígido	Longo	Curto	Grande	Pequeno	Flexível	Rígido
Vendas (v1)	+	−	+	−	+	−	+	−
Risco de não recebimento (v2)	+	−	+	−	−	+	+	−
Investimentos em recebíveis (v3)	+	−	+	−	−	+	+	−
Gastos com controle de recebíveis (v4)	+	−	+	−	−	+	+	−

Encontrar o equilíbrio entre as quatro variáveis (v) influenciadas pelas políticas de crédito (PC) não é tarefa fácil. As políticas de crédito (PC) devem ser revisitadas continuadamente, permitindo que a empresa encontre o equilíbrio econômico e financeiro desejado em suas atividades.

Informações para análise de crédito

A análise de crédito deve obedecer a certos procedimentos para sua liberação. Cabe à empresa definir o conteúdo mínimo de informações necessárias à realização do processo de análise. Esse padrão deve estar alinhado com as políticas de crédito (PC) que foram definidas anteriormente. As informações necessárias para análise e concessão de créditos podem ser agrupadas conforme classificação apresentada no quadro 33.

Obtidas as informações cadastrais, damos início ao processo de análise dos dados dos clientes, determinando assim os prazos para recebimento a serem concedidos para a liberação do crédito.

Quadro 33
Informações para análise de crédito

Tipos de Informações	Detalhamento das Informações
Cadastrais	Nome, endereço, CPF ou CNPJ, documentos da empresa e dos sócios, linhas de produtos, capacidade produtiva etc.
Comerciais e bancárias	Fornecedores, bancos, consultas a SPC, SCI, Serasa etc.
Restritas (ou negativas)	Protestos, cheques sem fundo, inadimplência, ações executivas etc.
Positivas	Hábitos de pagamento, compras etc.
Relacionamento	Relação histórica (CRM – *customer relationship management*).
Financeiras	Balanço patrimonial, DRE, demonstração do fluxo de caixa etc.
Setorial	*Market share* da empresa e concorrentes, ticket médio da empresa e do mercado, nível de exportação, taxa de crescimento etc.

Principais tipos de análise de crédito

Reduzir inadimplência e insolvência somente por intermédio da cobrança é um "caminho" ineficiente. Analisar a situação creditícia de clientes é, de longe, uma maneira melhor de reduzir inadimplência e insolvência dos recebíveis. Análise de crédito avalia a capacidade comprovada, atual e futura, de pagamento por parte do cliente, permitindo entender os riscos envolvidos na operação de venda a prazo, bem como orientar as estratégias comerciais e de cobrança.

As metodologias de análise recorrem ao uso de técnicas subjetivas e objetivas. Técnicas subjetivas são aquelas baseadas no julgamento humano, enquanto técnicas mais objetivas fundamentam-se em modelos quantitativos. As principais formas de análise de crédito são: comportamental, qualitativa, quantitativa e avaliação de terceiros.

Análise comportamental combina técnicas subjetivas e a experiência do analista a fim de apurar o caráter e a capacidade de pagamento do cliente. Contudo, tais técnicas não podem ser aplicadas de maneira aleatória, precisando de certo embasamento técnico. Esse método é muito utilizado para análise e liberação de crédito de clientes pessoas física e jurídica de pequeno porte, que normalmente não dispõem de dados cadastrais confiáveis.

Análise qualitativa de crédito avalia elementos subjetivos e objetivos a respeito do cliente, como caráter, capacidade, capital, colateral, condições e coletivos. Essa metodologia é conhecida como os 6 Cs do crédito, e está sintetizada no quadro 34.

Quadro 34
Análise qualitativa: os 6 Cs da análise de crédito

6 Cs da análise de crédito	
Caráter	A índole do cliente, ou seja, sua predisposição em liquidar seus compromissos, pode ser avaliada junto a órgãos de restrição ao crédito (Serasa, SPC, Cadin), cartórios e ações judiciais.
Capacidade	Aptidão do cliente em ressarcir seus compromissos, medida pela liquidez avaliada em suas demonstrações financeiras.
Capital	Potencialidade econômica do cliente, refletida em seus ativos, índices de endividamentos, lucros ou renda.
Colateral	Garantias pessoais ou reais fornecidas pelo cliente, avaliado pelo somatório dos ativos e/ou instrumentos que o proponente tem disponíveis para oferecer em contrapartida.
Condições	Fatores externos que impactam a situação econômica e financeira dos clientes, tais como cenários setorial, econômico e político que podem interferir na sua capacidade de pagamento.
Coletivos	Análise dos riscos de afetação, positivos e negativos, de clientes inseridos em conglomerados empresariais, cooperativas, e/ou cadeias produtivas.

Análise quantitativa está baseada em modelos matemáticos que combinam experiências e experimentações. Conhecido como *credit scoring*, o método utiliza técnicas estatísticas de análise dos dados históricos do cliente para definir sua capacidade e intenção de pagamento. A hipótese, eventualmente questionável, é a de que o cliente manterá no futuro o mesmo comportamento que teve no passado. O método se aplica à análise de crédito de pessoas tanto físicas quanto jurídicas. Os clientes são enquadrados por classe de risco de acordo com seus prováveis comportamentos de pagamento. A construção do *credit scoring* deve cumprir as seguintes etapas: (1) planejamento; (2) identificação das variáveis potenciais; (3) coleta de dados; (4) determinação da fórmula de escoragem; (5) definição dos pontos de corte. O quadro 35 apresenta as etapas de implementação do *credit scoring*.

Quadro 35
Etapas de implementação do *credit scoring*

Etapas	Ações
1) Planejamento	Alinhamento com as políticas de crédito (PC). Definir: sistemas, finalidades, tipificação dos clientes, conceitos de inadimplência e horizonte de tempo.
2) Variáveis potenciais	Caracterização do cliente e da negociação, seleção das variáveis relevantes para o modelo e análise de restrições dessas variáveis.
3) Coleta de dados	Seleção e dimensionamento da amostra, coleta dos dados e estruturação da base de dados.
4) Fórmula de escoragem	Utilização de modelos e técnicas estatísticas como análise discriminante, modelos de regressão etc.
5) Pontos de corte	Classificação dos clientes: adimplente (bom pagador), potencial inadimplente (com risco de atraso), inadimplente (que atrasa) ou insolvente (que não paga).

Interpretações equivocadas dos modelos de escores, seja por erros de concepção do modelo, equívoco na coleta de dados, falta de treinamento ou pouca experiência do analista, são comuns e podem levar a grandes problemas. Contudo, o *credit scoring* pode trazer significativos benefícios à instituição quando corretamente desenvolvido e aplicado.

Estruturar um departamento de análise de crédito envolve gastos com sistemas, formação de analistas, entre outros. Tais esforços podem não se justificar economicamente. Assim, a empresa deve avaliar a possibilidade de terceirização da análise de crédito. Os processos aqui descritos, entre outros, são realizados por instituições especializadas, como Serasa, SPC e Cadin. Essas empresas mantêm cadastros próprios sobre a situação creditícia de pessoas físicas (CPF) e jurídicas (CNPJ). Essas informações são comercializadas mediante consulta e contratos de acesso ao sistema.

Concessão de crédito

Paradoxalmente, conceder crédito aos clientes pode provocar o desequilíbrio entre a situação econômica e a financeira. Como mencionado no início do tópico, políticas de crédito (PC) devem buscar equilíbrio entre essas duas situações. Ou seja, para conceder crédito a empresa deve avaliar sua capacidade de financiamento das vendas a prazo.

Ao estabelecer parâmetros para volumes de vendas e para prazos de recebimento (PMR), o analista deve dimensionar os resultados esperados para lucros e fluxos de caixa. Recomendamos a utilização do método indireto de fluxo de caixa apresentado no terceiro capítulo do livro para simular os resultados econômicos e financeiros da adoção de tais políticas.

A concessão de crédito deve estar alinhada com as políticas de crédito (PC) e a capacidade de financiamento da necessidade de capital de giro (NCG = ACO – PCO). A figura 54 ilustra o impacto da concessão de crédito nas vendas, compras e investimentos em ACO e financiamentos de PCO.

Assim, a figura 54 mostra a dinâmica da concessão de crédito aos clientes, que provoca a alavancagem das vendas e compras, gerando novos financiamentos provenientes de fornecedores, viabilizando parte dos investimentos em estoques e recebíveis. Assim, aumentos nas vendas implicam maiores estoques para suprir o aumento de demanda, bem como serão maiores os investimentos em contas a receber. Contudo, aumentos nas vendas implicam maiores compras, e quando o fornecedor concede prazo para pagamento, a empresa obtém novas fontes de financiamento operacional.

ESTRATÉGIAS OPERACIONAIS DE CAPITAL DE GIRO

Figura 54
Efeitos da concessão de crédito

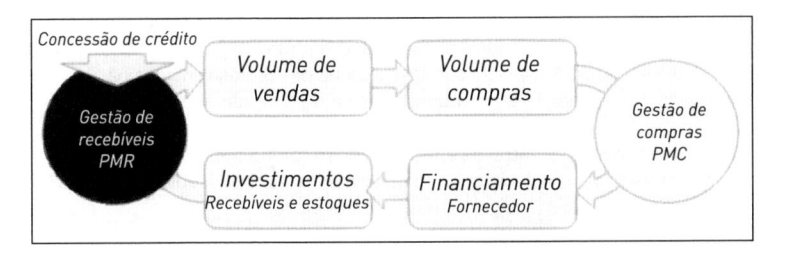

```
Concessão de crédito
  Gestão de          Volume de         Volume de
  recebíveis          vendas            compras          Gestão de
     PMR                                                  compras
                                                            PMC
                    Investimentos      Financiamento
                   Recebíveis e estoques   Fornecedor
```

Acompanhamento dos recebíveis

Apesar dos esforços nas etapas anteriores, conviver com certo grau de inadimplência e insolvência pode ser inevitável. Recomenda-se que a empresa controle ativamente seus recebíveis, evitando assim perdas maiores.

O primeiro passo é diferenciar bons pagadores, maus pagadores e clientes em atraso. Os clientes podem ser classificados em três tipos: adimplente (que pagam até a data), inadimplentes (que pagam com atraso) e insolventes (que não pagam). Os critérios são ajustados em função do setor de atuação e da conjuntura econômica. Indicadores podem ser utilizados no acompanhamento dos níveis de inadimplência e insolvência. Veremos os índices de atraso geral (IAG), atraso parcial (IAP) e atrasos em contencioso (IAC). Para calcular os índices, precisamos do saldo de títulos em atraso por categoria. O quadro 36 apresenta as definições dos índices de atraso.

Os índices de atraso devem ser um reflexo do que foi estabelecido na política de crédito (PC). Índices de atraso menores normalmente refletem políticas restritivas de crédito e tendem a reduzir vendas e lucros da empresa. Os indicadores devem ser avaliados ao longo dos exercícios (anual, trimestral, mensal) e comparados com resultados de outras empresas do mesmo setor.

Quadro 36
Índices de atraso

IAG	Atraso geral Contas a receber	Atraso geral é a soma de todos os títulos vencidos desde o primeiro dia de atraso.
IAP	Atraso parcial Contas a receber	Atraso parcial é a soma dos títulos vencidos há certo tempo conforme critério adotado e ainda não encaminhado para cobrança em juízo.
IAC	Atraso em contencioso Contas a receber	Atrasos em contencioso são títulos em cobrança judicial (ação de cobrança, ação executiva, recuperação judicial, falência, entre outras).

Processos de cobrança

Por diversos motivos, clientes podem se tornar inadimplentes e/ou insolventes. Quando isso acontece, recomendam-se as negociações amigáveis, evitando assim a descontinuidade da relação com o cliente e dispêndios com cobrança judicial.

A negociação amigável envolve a recomposição dos recebíveis, contemplando: (1) o número de parcelas quando for esse o caso; (2) a taxa de juros devida para compensação das perdas; (3) a presença de eventual aval de um terceiro; e/ou (4) definição do desconto para liquidação da dívida.

Quando a negociação amigável não se faz suficiente, a empresa poderá notificar o cliente extrajudicialmente, definindo assim um prazo final para a quitação do débito. É fundamental a conscientização do devedor sobre as penalidades que pode sofrer caso não regularize a dívida. Para que uma notificação extrajudicial tenha efeito, o credor deve estar disposto a executar as penalidades a que se propôs. Protestar um título ou cheques é relativamente fácil e requer, basicamente, um pouco de empenho do credor. É importante estar atento aos prazos e ritos da Justiça.

Gestão de estoques

Assim como a gestão de qualquer recurso de valor financeiro, a gestão de estoques visa maximizar os retornos sobre capital investido. Gerir estoques envolve a capacidade da empresa para reagir ao consumo dos clientes dentro de certo "nível de serviço desejado". Maiores estoques melhoram o nível de serviço e incrementam vendas e lucros. Contudo, acúmulos desnecessários de estoques configuram recursos financeiros mal aproveitados.

Equilibrar os estoques é missão de diversas áreas da empresa, sendo comum o conflito entre departamentos, que buscam compor os estoques conforme seus interesses. Esses conflitos surgem na composição dos estoques quanto a variedade de itens (cores, modelos etc.), volumes de investimentos (capital investido) e localização (distribuição geográfica).

As áreas de vendas buscam agilidade no atendimento aos clientes e preferem estoques de grande variedade, maiores investimentos e maior dispersão geográfica. As áreas de compras focam nas vantagens obtidas na negociação de grandes lotes preferindo estoques maiores, com pouca variedade de itens e menor dispersão. A produção, preocupada com a continuidade do processo produtivo, prefere estoques de maior variedade, maior volume de investimento e baixa dispersão. O departamento financeiro, buscando reduzir os volumes de investimentos em estoque, prefere estoques de menor variedade, menor quantidade e menor dispersão geográfica. Para resolver tais conflitos, as áreas da empresa devem atuar de forma cooperativa. A figura 55 sintetiza os conflitos de interesse entre áreas quanto à composição dos estoques.

Concluída a fase de alinhamento de interesse entre áreas, a empresa pode se dedicar às próximas etapas: previsão de vendas, definição dos itens prioritários, determinação da quantidade adquirida, ponto/data de compra, controle dos resultados e revisão das estratégias, conforme pode ser visto na figura 56.

Figura 55
Conflitos das áreas sobre a composição dos estoques

Área e objetivo / Composição	Vendas (atender cliente)	Compras (vantagens negociais)	Produção (garantir produção)	Financeiro (reduzir investimento)
Variedade	⬆	⬇	⬆	⬇
Investimento	⬆	⬆	⬆	⬇
Dispersão	⬆	⬇	⬇	⬇

Figura 56
Etapas da gestão de estoques

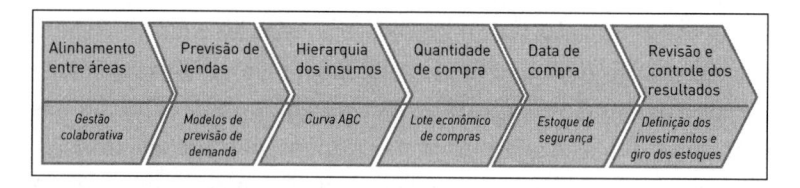

Alinhamento entre áreas	Previsão de vendas	Hierarquia dos insumos	Quantidade de compra	Data de compra	Revisão e controle dos resultados
Gestão colaborativa	Modelos de previsão de demanda	Curva ABC	Lote econômico de compras	Estoque de segurança	Definição dos investimentos e giro dos estoques

O cumprimento dessas etapas é fator-chave para que a empresa alcance o nível de serviço dentro de patamares desejados, mas com o menor custo financeiro de carregamento possível sobre os investimentos em estoques. Custo de carregamento corresponde ao encargo de capital dos recursos utilizados para financiar determinados investimentos, nesse caso, os investimentos em estoques.

Previsão de vendas

Enquanto os investimentos em contas a receber variam após a entrega das mercadorias aos clientes, os estoques devem ser adquiridos antes de a venda acontecer. Gerir eficientemente os estoques passa pela adoção de modelos de previsão de vendas, viabilizando o planejamento de toda a cadeia produtiva. Nesse processo, a atuação colaborativa entre as áreas representa um avanço por integrar análises de mercado, previsão de demanda, planejamento da produção e gestão de estoques. Busca-se assim a máxima eficiência do uso do capital investido em estoques. A figura 57 faz alusão a ferramentas utilizadas nas etapas do processo de previsão de vendas, compras e investimentos em estoques.

Figura 57
Processo de previsão de vendas e gestão de estoques

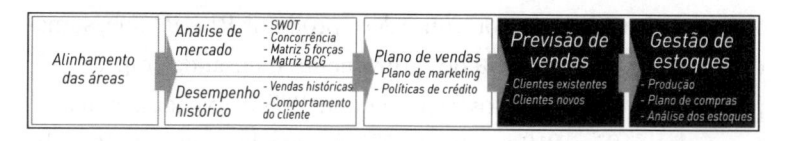

| Alinhamento das áreas | Análise de mercado
- SWOT
- Concorrência
- Matriz 5 forças
- Matriz BCG

Desempenho histórico
- Vendas históricas
- Comportamento do cliente | Plano de vendas
- Plano de marketing
- Políticas de crédito | Previsão de vendas
- Clientes existentes
- Clientes novos | Gestão de estoques
- Produção
- Plano de compras
- Análise dos estoques |

Prever vendas é um assunto delicado e envolve a combinação de diversas técnicas. Cabe ressaltar que tais técnicas, obviamente, não resolvem a contradição entre previsão e precisão.

Hierarquia dos insumos e a curva ABC

A curva ABC estabelece a hierarquia dos itens em estoque com base em critérios como faturamento, custos, giro dos produtos, montante investido, entre outros. Os itens são classificados em categorias (A, B e C) de importância, da maior para a menor, conforme exemplo hipotético a seguir: os itens da classe A, somados, correspondem a 65% do faturamento; os itens B, a 30% do faturamento; e os itens C, a 5% do faturamento. O quadro 37 apresenta esse exemplo de aplicação da curva ABC na análise do estoque.

Quadro 37
Aplicação da curva ABC (exemplo)

Classe/ produto	Faturamento anual – DRE	Percentual do faturamento	Percentual acumulado do faturamento	Custo anual – DRE (a)	Investimento em estoque – BP (b)	Percentual investido em estoque	Prazo médio de estoque (b) × 360 ÷ (a)
A - P1	$ 444.000	37,00%	37,00%	$ 240.000	$ 70.000	70,00%	105 dias
A - P2	$ 336.000	28,00%	65,00%	$ 150.000	$ 12.500	12,50%	30 dias
B - P3	$ 144.000	12,00%	77,00%	$ 66.000	$ 5.500	5,50%	30 dias
B - P4	$ 84.000	7,00%	84,00%	$ 48.000	$ 4.000	4,00%	30 dias
B - P5	$ 72.000	6,00%	90,00%	$ 36.000	$ 3.000	3,00%	30 dias
B - P6	$ 60.000	5,00%	95,00%	$ 30.000	$ 2.500	2,50%	30 dias
C - P7	$ 50.000	2,50%	97,50%	$ 12.000	$ 1.000	1,00%	30 dias
C - P8	$ 14.400	1,20%	98,70%	$ 9.000	$ 750	0,75%	30 dias
C - P9	$ 9.000	0,75%	99,45%	$ 6.000	$ 500	0,50%	30 dias
C - P10	$ 6.600	0,55%	100,00%	$ 3.300	$ 250	0,25%	30 dias
Total	$ 1.200.000	100,00%	100,00%	$ 600.300	$ 100.000	100,00%	60 dias

O quadro 37 classificou como A os produtos P1 e P2 que, somados, correspondem a 65% do faturamento mensal da empresa. Os produtos P3 a P6, somados, representam 30% das vendas, enquanto os produtos P7 a P10 totalizam 5% das vendas mensais. Perceba que P1 responde por 37% das vendas e 70% dos investimentos em estoque. Esse é o resultado do prazo médio de rotação de estoques (PME) de 105 dias, superior aos demais produtos que possuem PME de 30 dias. Maiores prazos de permanência (PME) implicam maiores investimentos em estoques. Assim, intervenções para reduzir o estoque de P1 teriam maiores reflexos nos investimentos totais que os mesmos procedimentos nos demais produtos.

O objetivo da curva ABC é direcionar os esforços para que melhorem os resultados da empresa. A definição de percentual de classes (A, B e C) deve respeitar a conveniência e necessidade de controle da empresa. Os itens classe A são aqueles que merecem tratamento preferencial, evitando sempre desperdícios de recursos financeiros. Itens classe C seriam os últimos a serem observados.

O lote econômico de compras (LEC)

Como qualquer recurso financeiro, é preciso evitar desperdícios nos investimentos em estoques. Para tal, a adoção de modelos matemáticos de aperfeiçoamento da gestão de estoques passa a ser essencial. O lote econômico de compras (LEC) é um modelo matemático que busca minimizar os custos totais de carregamento em estoques. O custo de carregamento corresponde ao encargo de capital dos recursos utilizados para financiar os investimentos em estoques. A equação do LEC define políticas de compras em "lotes ideais" que evitem desperdícios nos investimentos em estoques. Pelo modelo, a chegada de novos lotes (LEC) aconteceria quando o saldo de estoque alcançasse zero e os investimentos médios em estoque seriam representados pela fórmula LEC ÷ 2, assim como representado na figura 58.

Figura 58
Evolução dos saldos de estoques com base no LEC

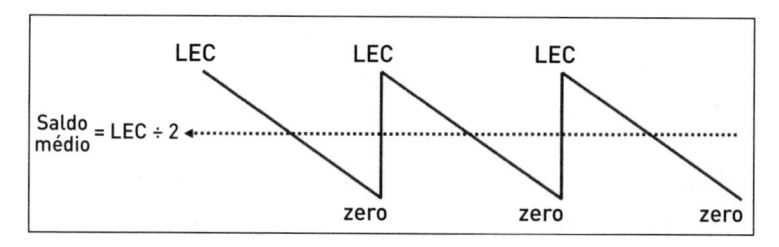

O LEC e seu conhecido gráfico em formato "dente de serra" tem inspirado a construção de outros instrumentos de gestão, entre os quais o modelo Baumol de gestão de caixa apresentado no terceiro capítulo deste livro.

A ideia central do lote econômico de compras é que estoques maiores elevam os custos de estocagem (CE) e reduzem os custos de pedido (CP). Custo total (CT) de carregamento de estoque, por sua vez, é a soma de CE e CP. O LEC é a quantidade encomendada ("lote ideal") que minimiza o CT de estoque. A figura 59 revela o impacto da quantidade encomendada (lote) nos custos de pedido (CP), de estoque (CE) e total (CT) de carregamento. Observe que o LEC é o ponto onde o custo total (CT) de carregamento do estoque será menor.

Figura 59
LEC, quantidade encomendada, custo de estoque (CE), pedido (CP) e total (CT)

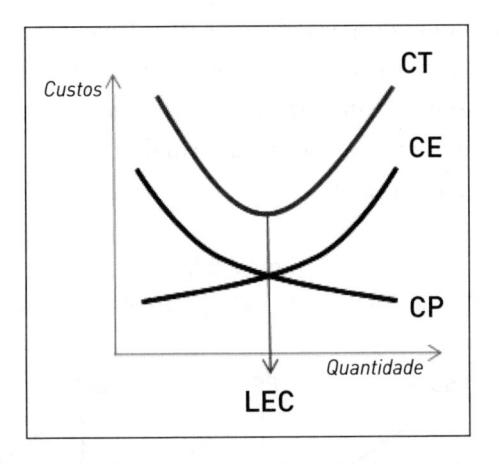

Assim, o LEC fornece a quantidade encomendada (lote) capaz de minimizar o custo total (CT) de carregamento do estoque. Sua fórmula é determinada pela composição das seguintes variáveis: quantidade consumida/vendida do produto (V) ao período (dia, mês etc.), custo do pedido unitário (CPu) e custo unitário de manutenção do estoque (CEu). A figura 60 apresenta a fórmula para determinação do LEC.

ESTRATÉGIAS OPERACIONAIS DE CAPITAL DE GIRO

Figura 60
Fórmula do lote econômico de compras

$$LEC = \sqrt{\frac{2 \times CPu \times V}{CEu}}$$

onde:
LEC = lote econômico de compra;
CPu = custo unitário por pedido;
V = vendas totais no período (dia, mês etc.);
CEu = custo unitário de carregamento do estoque no período (dia, mês etc.).

Estimar os parâmetros para o cálculo do LEC pode ser uma tarefa trabalhosa. Vendas totais (V) são estimadas na etapa de previsão de vendas por período. Custo unitário de pedido (CPu) é a divisão dos custos totais com o departamento de compras (pessoal e infraestrutura) pela sua capacidade de realizar pedidos a cada período. Podem ainda ser incluídos em custo unitário de pedido (CPu), valores fixos com transportes, taxas fixas de importação, entre outros. Custo unitário de estoque (CEu) é o encargo financeiro de carregamento para uma unidade estocada no período. Podem ser incluídos como custo unitário estoque (CEu) e dispêndios com armazenamento do insumo.

Assumindo vendas (V) de 100 unidades ao mês, custos de pedido unitário (CPu) de $ 2,00, custo unitário de estoque (CEu) de $ 0,01, temos o cálculo do LEC apresentado na figura 61.

O exemplo de cálculo da figura 61 sugere LEC (compras em "lotes ideais" de 200 unidades, sempre que o saldo de estoques alcançar zero. Concluímos ainda que, com a adoção dessa política, os estoques médios (LEC ÷ 2) seriam de 100 unidades, assim como representado na figura 62.

Figura 61
Cálculo do lote econômico de compras (exemplo)

$$LEC = \sqrt{\frac{2 \times \$\,2{,}00 \times 100}{\$\,0{,}01}} = 200 \text{ unidades}$$

Figura 62
Evolução dos saldos de estoques com base no LEC (exemplo)

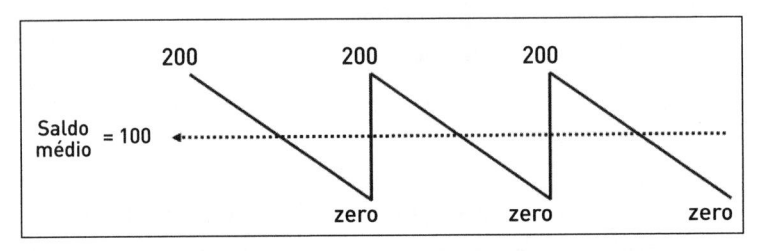

Considerando os dados do exemplo (figura 61) com vendas mensais (V) de 100 unidades mensais e "lote ideal de compras" (LEC) de 200 unidades, concluímos que a empresa faria encomendas aos fornecedores a cada dois meses (0,5 pedido ao mês). O quadro 38 simula os resultados mensais para custos de pedido (CP), estoque (CE) e total (CT) considerando compras em lotes (Q) de 100, 200 e 300 unidades. Observe que a aquisição em lotes (Q) de 200 unidades minimiza os custos totais de carregamento dos estoques.

Quadro 38
Resultado do lote econômico de compras (exemplo)

Quantidade em unidades	Q	100	200	300
Número de pedidos mês	V ÷ Q	1	0,5	0,33
Estoque médio	Q ÷ 2	50	100	150
Custo de pedido (CP)	(V ÷ Q) × CPu	$ 2,00	$ 1,00	$ 0,66
Custo de estoque (CE)	(Q ÷ 2) × CPe	$ 0,50	$ 1,00	$ 1,50
Custo total (CT)	CP + CE	$ 2,50	$ 2,00	$ 2,50

A adoção de compras em "lotes ideais" é fator-chave de uma boa gestão de estoques. Contudo, a solução do LEC assume um consumo linear dos recursos investidos em estoques, o que pode não ser obrigatoriamente verdade. Assim, a adoção isolada do LEC pode comprometer a capacidade de reação ao consumo por clientes, reduzindo as vendas. Recomenda-se que a empresa incorpore também políticas de investimentos mínimos em estoque, como veremos a seguir.

Estoque de segurança

Como a demanda por produtos e a data do recebimento das encomendas são incertas, a adoção isolada do LEC pode conduzir à falta de estoque. Estoque de segurança corresponde ao estoque mínimo mantido pela empresa para evitar falta no abastecimento de clientes. A figura 63 apresenta o comportamento dos saldos de estoques combinando LEC e estoques de segurança.

Figura 63
Evolução dos saldos de estoques combinando LEC e estoques de segurança

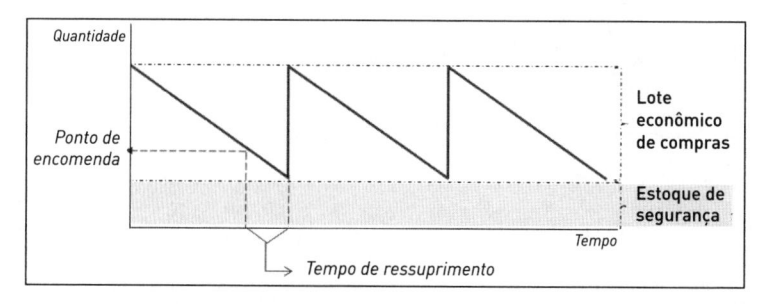

O estoque de segurança visa garantir "certa" capacidade de atendimento ao cliente (nível de serviço). Sua estimativa combina duas variáveis: (1) a volatilidade da demanda e (2) o tempo de ressuprimento. A volatilidade da demanda está baseada nas oscilações observadas no histórico de vendas. O tempo de ressuprimento corresponde ao número de dias entre a realização do pedido e a efetiva chegada da mercadoria/matéria-prima (*lead time*).

Nível de serviço é a probabilidade de conseguir atender os clientes. Sua estimativa considera a demanda (venda) prevista e erros na previsão. O desvio padrão (σ) é uma medida estatística de dispersão em relação à média (μ) que utilizaremos para definir o estoque de segurança. A figura 64 apresenta o histórico de quantidades vendidas no período de 12 meses, com vendas médias mensais (μ) de 100 unidades e desvio padrão (σ) da série de 20 unidades.

Figura 64
Evolução das quantidades mensais vendidas (exemplo)

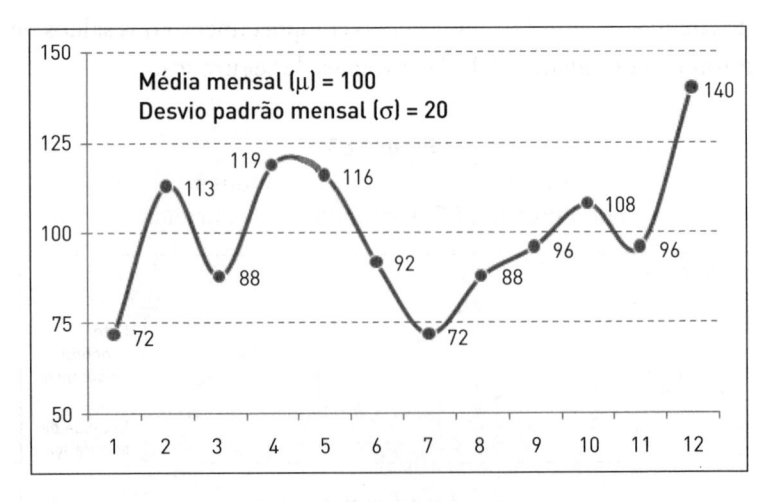

Mês	1	2	3	4	5	6	7	8	9	10	11	12
Qtd	72	113	88	119	116	92	72	88	96	108	96	140

Média mensal (μ) = 100
Desvio padrão mensal (σ) = 20

Para definir o estoque de segurança, consideremos ainda que os desvios das quantidades vendidas mensalmente se comportem dentro de uma distribuição normal. A distribuição normal é uma das mais importantes distribuições da estatística, utilizada para descrever uma série de fenômenos físicos e financeiros. É inteiramente descrita por seus parâmetros de média (μ) e desvio padrão (σ), ou seja, assumindo uma distribuição normal e conhecendo esses parâmetros, podemos determinar qualquer probabilidade de que eventos ocorram dentro de determinado intervalo de confiança.

Com base nos dados da série apresentada na figura 64, a figura 65 revela haver uma probabilidade de 97,5% de que as vendas mensais não superem 140 unidades. A estimativa considerou as vendas médias (μ = 100 unidades), acrescidas de dois desvios (2σ = 2 × 20 = 40 unidades).

Figura 65
Distribuição normal das quantidades
mensais vendidas (exemplo)

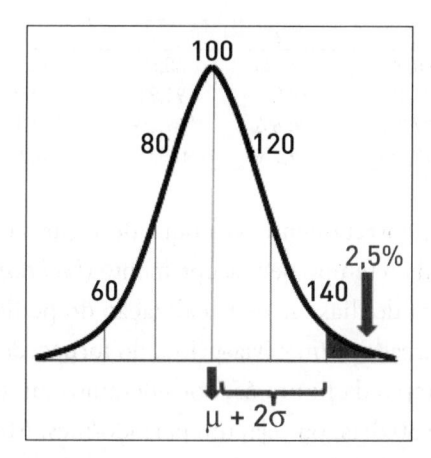

Com os resultados da figura 65 e considerando um tempo de ressuprimento de 30 dias (1 mês), a empresa estaria garantindo um nível de serviço de 97,5% ao manter um estoque de segurança de 40 unidades (2σ). Alguns podem considerar a premissa de satisfazer o cliente em 97,5% dos casos muito conservadora, ou mesmo desejar níveis de serviço ainda maiores. A exigência sobre o nível de serviço deve considerar a tolerância do cliente à ausência de produto. Consideremos, por exemplo, que os clientes julgam ser normal faltar determinado produto em 15% das visitas ao supermercado, ou seja, um nível de serviço de 85%. Estimamos o nível de serviço pelo número de desvios (σ) que atenda à política da empresa. Por exemplo: para manter um nível de serviços próximo a 85%, utilizaríamos um desvio (1σ). Tais parâmetros podem ser encontrados na tabela Z da distribuição normal acumulada, onde Z igual 1σ, 2σ e 3σ representam, respectivamente, níveis de serviço de 84,1%, 97,7% e 99,9%. O quadro 39 apresenta os parâmetros para a distribuição normal acumulada.

Quadro 39
Tabela Z – Distribuição normal acumulada e nível de serviço

Z	.0	.2	.4	.6	.8
0σ	50,0%	57,9%	65,5%	72,6%	78,8%
1σ	84,1%	88,5%	91,9%	94,5%	96,4%
2σ	97,7%	98,6%	99,2%	99,5%	99,7%
3σ	99,9%	99,9%	100,0%	100,0%	100,0%

Para definir corretamente o estoque de segurança, precisamos considerar ainda o tempo de ressuprimento (*lead time*), que representa o número de dias entre a realização do pedido e a efetiva chegada da mercadoria/matéria-prima do fornecedor. Lembre-se de que no exemplo da figura 65, consideramos um tempo de ressuprimento de 30 dias, ou seja, um período/mês. Maiores tempos de ressuprimento implicam maiores estoques de segurança. Dessa forma, é necessário que ponderemos o número desejado de desvios (Z σ) pela raiz do tempo de ressuprimento (Δ T), conforme fórmula apresentada na figura 66.

Figura 66
Fórmula do estoque de segurança

$$ES = Z\sigma\sqrt{\Delta T}$$

onde:

ES = estoque de segurança;

Z = número de desvios (σ) para nível de serviço desejado;

σ = desvio padrão das quantidades vendidas ao período (dia, mês etc.);

ΔT = tempo de ressuprimento dividido por unidade de tempo (dia, mês etc.).

Na figura 67 estimamos o estoque de segurança em 40 unidades, considerando os seguintes dados: desvios das vendas mensais (σ) de 20 unidades, nível de serviço (Z = 2) próximo a 97,5%, tempo de ressuprimento (ΔT) de 30 dias (um mês).

Figura 67
Cálculo do estoque de segurança (exemplo)

$$ES = 2 \times 20 \text{ unidades} \times \sqrt{\frac{30 \text{ dias}}{30 \text{ dias}}} = 40 \text{ unidades}$$

Assim, ao programar recebimento de novos lotes de mercadoria/matéria-prima para quando o estoque alcançar 40 unidades, a empresa estará garantindo um nível de serviço de 97,5%.

GESTÃO DO CAPITAL DE GIRO

Revisão, controle e a gestão estratégica dos investimentos em estoques

A gestão estratégica de estoques sugere a revisão dos métodos aqui apresentados, trazendo sucessivos benefícios à empresa. A figura 68 alinha a etapa de revisão das estratégias e controle dos investimentos com as demais fases da gestão estratégica de estoques.

Figura 68
Dinâmica das etapas da gestão dos estoques

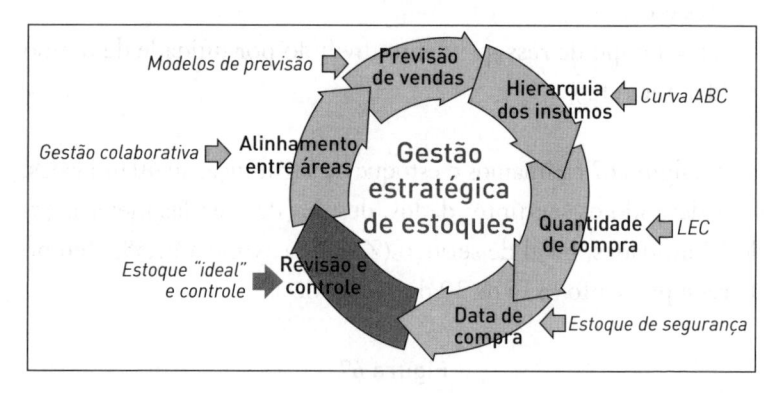

A revisão dos estoques faz a comparação entre o nível "ideal" de investimentos e o nível efetivamente investido pela empresa. O volume "ideal" de investimento em estoque pode ser estimado pela combinação do LEC e do estoque de segurança, conforme apresentado na figura 69.

Figura 69
Fórmula do investimento "ideal" em estoques

$$\text{Estoque "ideal" (em \$)} = \left[\frac{LEC + ES}{2}\right] \times \text{Custo unitário}$$

onde:

Estoque "ideal" em $ = montante "ideal" de capital investido em estoque;
LEC = lote econômico de compra;
ES = estoque de segurança;
Custo unitário = custo unitário da matéria-prima ou produto em estoque.

Considerando um LEC de 200 unidades (figura 61) e estoque de segurança de 40 unidades (figura 67), a figura 70 apresenta a evolução dos estoques, conforme políticas sugeridas.

Figura 70
Saldos de estoques combinando LEC
e estoques de segurança (exemplo)

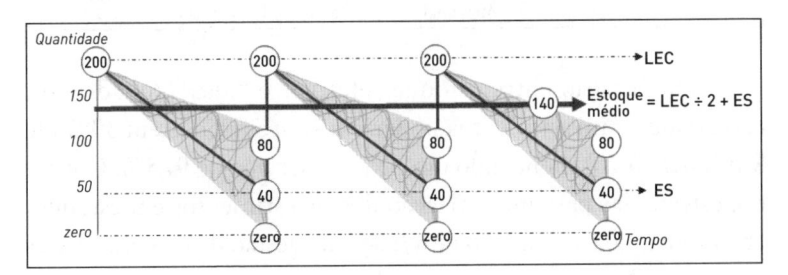

[Gráfico: Quantidade x Tempo mostrando ciclos de 200 unidades até 40, com Estoque médio = LEC ÷ 2 + ES = 140, e ES = 40]

Somando estoque de segurança (ES) com a metade do LEC (LEC ÷ 2), a figura 70 estimou o estoque médio "ideal" em 140 unidades. Considerando ainda um custo unitário por produto de $ 0,5, o quadro 40 apresenta a estimativa do estoque médio "ideal" em dinheiro no valor de $ 70 e compara com o investimento "efetivo" em estoque de $ 100.

Quadro 40
Investimentos em estoques: "efetivo" × "ideal" (exemplo)

Ativo		Passivo	
Ativos circulantes		**Passivos circulantes**	
Disponibilidades	$ 100	Empréstimos	$ 100
Contas a receber	$ 300	Fornecedores	$ 200
Estoques	*$ 100*	Salários e encargos	$ 30
Total	$ 500	*Impostos e contribuições*	*$ 20*
		Total	$ 350
		Exigível a longo prazo	
		Financiamentos	*$ 300*
Ativos não circulantes		Total	$ 300
Imobilizado	*$ 500*		
Total	$ 500	**Patrimônio líquido**	
		Capital social	$ 200
		Lucros acumulados	*$ 150*
		Total	$ 350
Ativo total	$ 1.000	Passivo total	$ 1.000

Gráfico: Quantidade — LEC = 200, Estoque médio = LEC ÷ 2 + ES = 140, ES = 40. Estoque médio (em $) = 140 × $ 0,5 = $ 70. Custo unitário = $ 0,5. Estoque "ideal".

A comparação entre estoque "efetivo" e "ideal" (quadro 40) revela que os investimentos poderiam ser reduzidos em 30% (de $ 100 para $ 70), atendendo um nível de serviço de 97,5%. Contudo, estratégias para minimização dos investimentos em estoques envolvem ainda a aquisição de *software* de gestão de compras. Esses sistemas reduzem o custo do departamento de compras (CP) e encurtam o tempo de ressuprimento (ΔT). Com os dados do quadro 40, a figura 71, simula o impacto de menores custos unitários de pedido (CPu $ 2 para $ 1) e tempo de ressuprimento (ΔT 30 para 15 dias) nos montantes de investimento em estoque.

Observamos assim, na figura 71, como a redução nos custos de pedido (CP) e no tempo de ressuprimento (ΔT) pode reduzir o investimento "ideal" em estoque (de $ 70 para $ 49,25). Os resultados sugerem que a empresa deve buscar ativamente a redução dos seus investimentos em estoques adotando estratégias que não comprometam severamente receitas e lucros.

ESTRATÉGIAS OPERACIONAIS DE CAPITAL DE GIRO

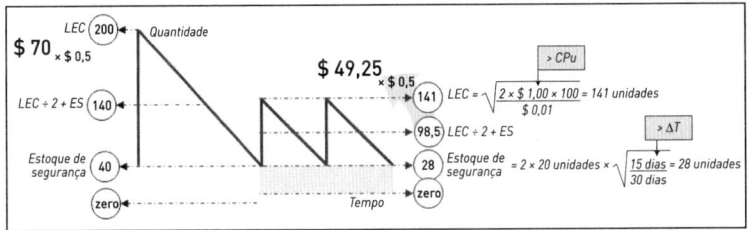

Figura 71
Estratégias de maximização dos investimentos em estoques

```
$ 70 ×$0,5   LEC (200)   Quantidade
                            $ 49,25 ×$0,5          > CPu
LEC ÷ 2 + ES (140)                      (141) LEC = √(2 × $1,00 × 100)/$0,01 = 141 unidades
                                        (98,5) LEC ÷ 2 + ES              > ΔT
Estoque de (40)                         (28) Estoque de = 2 × 20 unidades × √(15 dias/30 dias) = 28 unidades
segurança                                    segurança
        (zero)              Tempo       (zero)
```

Um plano diretor de gestão de estoques deve ainda ser acompanhado por métricas de desempenho que permitam avaliar a evolução das estratégias adotadas. O giro dos estoques, por exemplo, é uma medida que permite avaliar o desempenho na gestão de suprimentos mensurando quantas vezes os investimentos em estoques giram em determinado período. A fórmula para determinação do giro dos estoques é apresentada na figura 72.

Figura 72
Fórmula do giro dos estoques

$$GE = \frac{Custos}{Estoque\ médio}$$

onde:
GE (giro dos estoques) = vezes que os estoques giram dentro do período (mês, ano etc.);
Custos = custo de mercadoria ou do produto vendido ao período (mês, ano etc.);
Estoque médio = (estoque inicial + estoque final) ÷ 2;
Estoque inicial = saldo da conta estoque no início do período;
Estoque final = saldo da conta estoque ao final do período.

A figura 73 compara o giro dos estoques em três cenários. No primeiro, considerando dados do exemplo único do livro (quadros 2 e 4), assumindo custos totais anuais de $ 600, e estabilidade nos estoques inicial e final em $ 100. No segundo, considerando estoque inicial e final de $ 70 (quadro 40). No terceiro, considerando estoque inicial e final de $ 49,25 (figura 68).

Figura 73
Estratégias de maximização dos investimentos e giro dos estoques

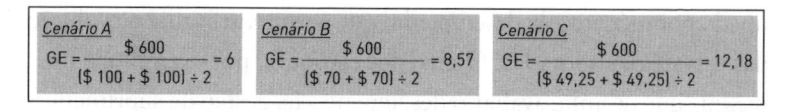

Cenário A	Cenário B	Cenário C
$GE = \dfrac{\$ 600}{(\$ 100 + \$ 100) \div 2} = 6$	$GE = \dfrac{\$ 600}{(\$ 70 + \$ 70) \div 2} = 8{,}57$	$GE = \dfrac{\$ 600}{(\$ 49{,}25 + \$ 49{,}25) \div 2} = 12{,}18$

Percebemos que mudanças nas políticas podem reduzir os investimentos em estoques, maximizando assim seu giro, sem tampouco alterar a capacidade da empresa de atender seus clientes. Na comparação entre cenários A e C (figura 73), por exemplo, observamos os benefícios da adoção das novas políticas, permitindo que o giro dos investimentos em estoque mais que dobrasse.

Gestão de compras

Numa visão inicial, a atividade de compras representa a troca de bens e serviços por dinheiro. Contudo, a moderna gestão de compras busca a realização de parcerias entre a empresa e seus fornecedores, permitindo o planejamento de toda a cadeia produtiva.

Em geral, empresas de comércio e indústria apresentam volumes de compras em torno de 50% a 80% de suas receitas brutas. Considerando os prazos médios de compras (PMC), podemos compreender a relevância dessa atividade para o financiamento da empresa. É fundamental construir parâmetros para que as compras ocorram na (1) quantidade/lote, (2) qualidade, (3) preço e (4) prazo corretos. A quantidade (1) é definida por meio de ajustes ao estabelecido no cálculo do lote econômico de compras (LEC). Qualidade (2) está associada ao processo de seleção de fornecedores. Os demais parâmetros estão associados à seleção de fornecedores e à definição de estratégias negociais de compras.

Uma seleção de fornecedores/parceiros bem-sucedida pode contribuir para a competitividade da empresa. Quando boas parcerias são firmadas, o número de fornecedores pode ser reduzido, eliminando aqueles de desempenho inadequado. Bons fornecedores devem garantir a qualidade, ter preços acessíveis, conceder bons prazos para pagamento, ser pontuais na entrega. Devido à ampla variedade de critérios, é necessário elaborar procedimentos que simplifiquem a tomada de decisão. Modelos de análise multicritérios, baseados em árvore de decisão, podem ajudar na seleção dos fornecedores. *Softwares* integrados de gestão de compras podem oferecer dados para análise e ranqueamento dos fornecedores. A figura 74 apresenta o processo de seleção de fornecedores.

Figura 74
Processo simplificado de seleção de fornecedores

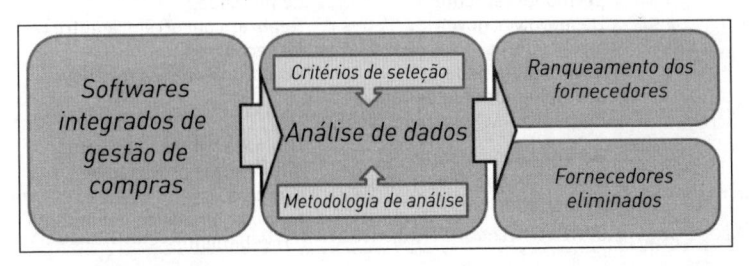

Estratégias negociais de compras são influenciadas pela relevância e disponibilidade do insumo/produto. A disponibilidade refere-se ao número de fornecedores acessíveis, podendo ser de:

- fonte única – exclusivo de um fornecedor;
- fonte múltipla – utilizando mais de um fornecedor;
- fonte simples – seleção de fornecedores com os quais pactuam-se contratos de longo prazo.

A presença de fonte única de fornecimento traz dificuldades adicionais ao processo negocial e representa maior risco de falta de produto. Fontes múltiplas e simples implicam riscos menores.

O segundo fator que impacta na negociação de compras é a relevância dos insumos/produtos adquiridos para os custos totais da empresa. Insumos/produtos de grande relevância nos custos têm impacto no resultado econômico e financeiro maior do que aqueles de menor custo. Esses impactos serão percebidos nos lucros e nos financiamentos resultantes de prazos para pagamento.

O quadro 41 classifica as diretrizes estratégicas de negociação com fornecedores em quatro dimensões considerando: o risco das fontes disponíveis e a relevância dos insumos nos custos totais.

Quadro 41
Diretrizes estratégicas da negociação com fornecedores

Fonte / % Custo	Única	Múltipla e simples
Alto	Acompanhar permanentemente. Desenvolver novos fornecedores. Criar sistemas de acompanhamento de preços. Empenhar-se nas negociações.	Conhecer todas as alternativas de mercado. Realizar concorrência entre fornecedores. Procurar fornecedores novos.
Baixo	Garantir suprimento. Aceitar preços diferenciados. Avaliar alternativas tecnológicas.	Minimizar atenção e custos. Automatizar processo de compras. Associar prazos de pagamento e recebimento.

Ao entender as diretrizes da gestão de compras, cumprimos a última etapa para elaborarmos estratégias combinadas de compras e vendas, conforme apresentado no tópico a seguir.

Resumo do capítulo e estratégias combinadas de compras e vendas

Como visto no primeiro capítulo deste livro, controlar os volumes de recursos investidos em capital de giro (NCG) é determinante para a manutenção da solvabilidade da empresa. Considerando que necessidade de capital de giro (NCG) é a diferença entre ACO (contas a receber, estoques etc.) e PCO (fornecedores, impostos etc.), a proposta deste capítulo foi apresentar instrumentos de administração e controle dos volumes investidos em NCG.

Iniciamos o capítulo descrevendo a influência das políticas de crédito (PC) no desempenho econômico e financeiro da empresa. Concluímos que, com ajustes nas políticas de concessão de crédito, controle dos recebíveis e cobrança, podemos regular as vendas e os volumes investidos em recebíveis (contas a receber).

Em seguida, apresentamos os instrumentos utilizados na moderna gestão estratégica de estoques. Conhecendo esses instrumentos, poderemos rever as políticas adotadas na gestão de estoques, buscando melhores rentabilidades por meio da minimização dos investimentos em estoques sem afetar o abastecimento aos clientes de forma relevante.

Por fim, sugerimos que o processo de negociação com fornecedores tem como objetivo a realização de compras na quantidade, qualidade, preço e prazo de pagamento corretos. Esse processo deve estar apoiado na definição do "lote ideal" de compras, na correta seleção dos parceiros e nas diretrizes estratégicas de negociação com os fornecedores.

Sabendo que investimentos em contas a receber e estoques guardam relação com o volume de vendas e compras e seus respectivos prazos médios (PMR e PME); que a conta de passivo operacional "fornecedor", importante fonte de financiamento para a empresa, resulta do volume de compras e prazos para pagamento (PMP);

considerando ainda que o volume de vendas e compras possua uma relação direta, concluiremos que o controle da NCG depende da construção de estratégias combinadas entre departamentos de compras e vendas. Assim, à medida que os financiamentos dos fornecedores são utilizados para conceder prazos aos clientes e tais prazos alavancam as vendas, que, por sua vez, alavancam as compras, que permitem o financiamento de clientes, que acabam por alavancar a venda, que alavancam compras, observamos como as políticas de capital de giro afetam o controle da NCG. A figura 75 demonstra como políticas de crédito e negociação com fornecedores afetam as vendas, compras e investimentos em NCG.

Figura 75
Estratégias operacionais de capital de giro

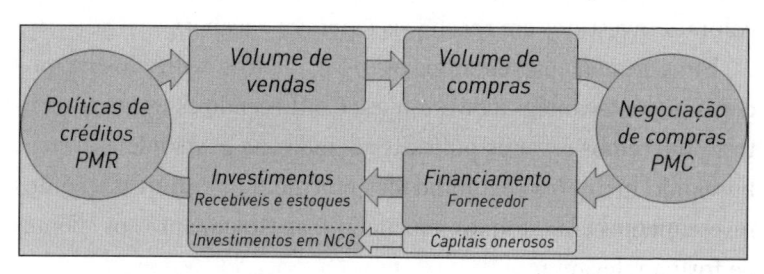

Políticas de créditos PMR	Volume de vendas	Volume de compras	Negociação de compras PMC
	Investimentos Recebíveis e estoques	Financiamento Fornecedor	
	Investimentos em NCG	Capitais onerosos	

Concluímos este capítulo demonstrando a razão de afetação das políticas de compras e vendas nos financiamentos e investimentos em capital de giro. Evidenciamos, assim, a relevância da combinação das políticas e estratégias negociais de compras, estoques e vendas, permitindo que a empresa consiga atingir suas metas econômicas de receitas e lucros, mas evitando riscos de insolvência por excesso de investimentos em NCG.

Conclusão

Fazer o planejamento financeiro de curto prazo significa formular um ou mais planos para atingir metas e objetivos dentro de um futuro próximo. Para tal, é essencial conhecer as ferramentas que permitam o planejamento antecipado das estratégias de capital de giro, assunto apresentado ao longo dos quatro capítulos do livro.

A essência da moderna gestão de capital de giro envolve a habilidade de conhecer, avaliar e estimar o comportamento dos investimentos e financiamentos de curto prazo, assunto abordado no capítulo 1. Evitando algumas das "tentadoras" oportunidades de incremento dos lucros que podem simplesmente arruinar a liquidez, garantimos a existência da empresa no longo prazo por meio da sobrevivência em diversos períodos de curto prazo. Logo, evite o efeito tesoura extremo, ele vai quebrar a sua empresa! A figura 76 apresenta os principais assuntos apresentados no capítulo 1.

Assim, conforme observamos na figura 76, as estratégias de investimento e financiamento do capital de giro possuem uma relação direta com a condição solvência da organização. As definições sobre investimentos e financiamentos de curto prazo apresentados no capítulo 1 tiveram como objetivo desenvolver no leitor a capacidade de entendimento sobre os riscos de insolvência associados ao efeito tesoura.

Figura 76
Principais tópicos abordados no capítulo 1 do livro

Capítulo 1

- Risco de insolvência
- Caixa ↔ Saldo de tesouraria ↔ Dívidas de curto prazo
- Volume de investimentos
  - Contas a receber / Estoques ↔ Necessidade de capital de giro ↔ Impostos / Salários e encargos / Fornecedores
- Ativo não circulante ↔ Capital circulante líquido ↔ Dívidas de longo prazo / Sócios
- Estratégia de financiamento

Como vimos no capítulo 2, avaliar constantemente a evolução dos investimentos e financiamentos de curto prazo é a melhor forma de ajustar as estratégias de capital de giro. Assim, eventuais equívocos nas estratégias de curto prazo poderão ser mais rapidamente percebidos e corrigidos. As correções devem fazer parte de um plano de ação corporativo, dividido em metas, que equilibre os resultados econômicos e financeiros da empresa. O plano deve contar com a participação e comprometimento de todos os departamentos (vendas, compras, produção e financeiro). A figura 77 sintetiza os tópicos abordados no capítulo 2.

Figura 77
Principais tópicos abordados no capítulo 2 do livro

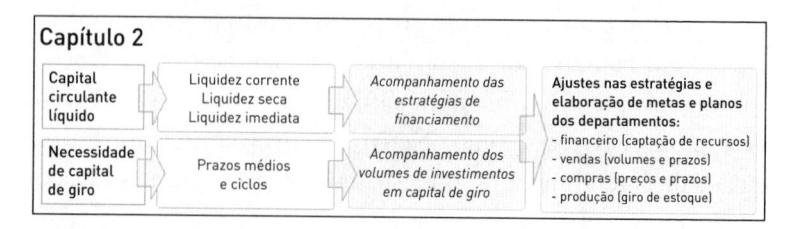

Capítulo 2

- Capital circulante líquido → Liquidez corrente / Liquidez seca / Liquidez imediata → Acompanhamento das estratégias de financiamento
- Necessidade de capital de giro → Prazos médios e ciclos → Acompanhamento dos volumes de investimentos em capital de giro
- Ajustes nas estratégias e elaboração de metas e planos dos departamentos:
  - financeiro (captação de recursos)
  - vendas (volumes e prazos)
  - compras (preços e prazos)
  - produção (giro de estoque)

CONCLUSÃO

O capítulo 3 busca ressaltar que os resultados futuros do plano de ação corporativo devem ser mensurados e ajustados pelo método indireto de fluxo de caixa apresentado. Essa é a forma de selecionar estratégias que maximizem os retornos futuros e minimizem os riscos de insolvência.

Contudo, por mais bem elaborado que seja o plano, oscilações previsíveis e imprevisíveis nos saldos de caixa acabam obrigando à manutenção de certo nível de investimento totalmente líquido. Os gestores devem, então, adotar alguma política de manutenção de investimentos mínimos em caixa, idealmente aquela que melhor combine com a dinâmica da atividade da empresa. Esses modelos racionalizam os investimentos em caixa e fornecem previsões para os saldos de caixa no futuro.

O relacionamento com o mercado financeiro é uma das atividades da tesouraria da empresa. Uma gestão de tesouraria eficiente baseia-se em previsões para sobras e faltas de caixa e na avaliação das alternativas de captação e aplicação de recursos, escolhendo aquelas opções que tragam melhor resultado para a empresa. A figura 78 resume os tópicos abordados no capítulo 3.

Figura 78
Principais tópicos abordados no capítulo 3 do livro

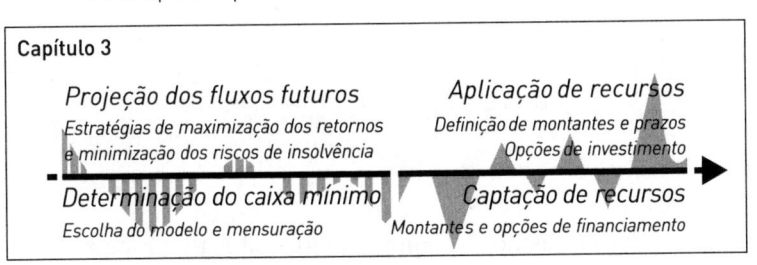

Capítulo 3	
Projeção dos fluxos futuros Estratégias de maximização dos retornos e minimização dos riscos de insolvência	*Aplicação de recursos* Definição de montantes e prazos Opções de investimento
Determinação do caixa mínimo Escolha do modelo e mensuração	*Captação de recursos* Montantes e opções de financiamento

No capítulo 4, vimos que modelos de gestão participativa entre as áreas de vendas, compras, produção e financeira são a forma de evitar o descontrole da NCG. Assim, apresentamos os modelos estratégicos de gestão de recebíveis, estoques e compras utilizados no controle da necessidade de capital de giro.

O controle dos investimentos em recebíveis (contas a receber) pode ser obtido pela adoção de boas políticas de crédito. O plano diretor de estoques, por sua vez, envolve um conjunto de etapas que buscam reduzir os montantes investidos sem comprometer severamente vendas e lucros. A gestão de compras abrange a construção de estratégias que permitam aquisições de mercadoria/matéria-prima na quantidade, qualidade, preço e prazo corretos.

A figura 79 apresenta a dinâmica entre os investimentos em NCG e as políticas operacionais de crédito, compras e estoques utilizadas no controle dos ativos e passivos circulantes operacionais (ACO e PCO).

Figura 79
Principais tópicos abordados no capítulo 4 do livro

Capítulo 4

- Política de crédito — Investimento em caixa — Gestão de compras
- Investimento em contas a receber
- Investimentos em necessidade de capital de giro
- Financiamento do fornecedor
- Estoque ideal — Investimento em estoque — Lead time

A moderna gestão de capital de giro abrange uma relação simbiótica entre os diferentes departamentos da empresa, que devem perseguir metas conjuntas de lucros, mas sem prejudicar a solvabilidade. Esse planejamento envolve o entendimento sobre os investimentos e financiamentos de capital de giro e a análise da situação financeira atual da empresa. Dessa etapa de diagnóstico, seguimos para a elaboração do plano de ação corporativo, pautado em projeções que nos ajudem na seleção das estratégias – aquelas que maximizem valor para a empresa, como em qualquer decisão financeira. Por fim, o planejamento corporativo se desmembra em metas de curto prazo, em que os departamentos (financeiro, de vendas, compras e produção) devem conceber, executar e acompanhar os resultados de seus respectivos planos de ação.

A figura 80 apresenta a dinâmica apresentada ao longo do livro sobre a moderna gestão do capital de giro, suas etapas e os esforços a serem realizados.

Figura 80
Moderna gestão do capital de giro

Capítulo 1 — Definição e entendimento das estratégias de capital de giro

Estratégias de investimento e financiamento

Capítulo 2 — Análise da situação e definição do plano de ação corporativo

Política de crédito, investimento em estoque, e gestão de compras

Moderna gestão do capital de giro

Alinhamento das áreas e maximização de resultados econômico-financeiros

Capítulo 4 — Definição das políticas e implementação do plano

Projeção do fluxo de caixa. Relacionamento com mercado financeiro

Capítulo 3 — Análise prospectiva e gestão da tesouraria

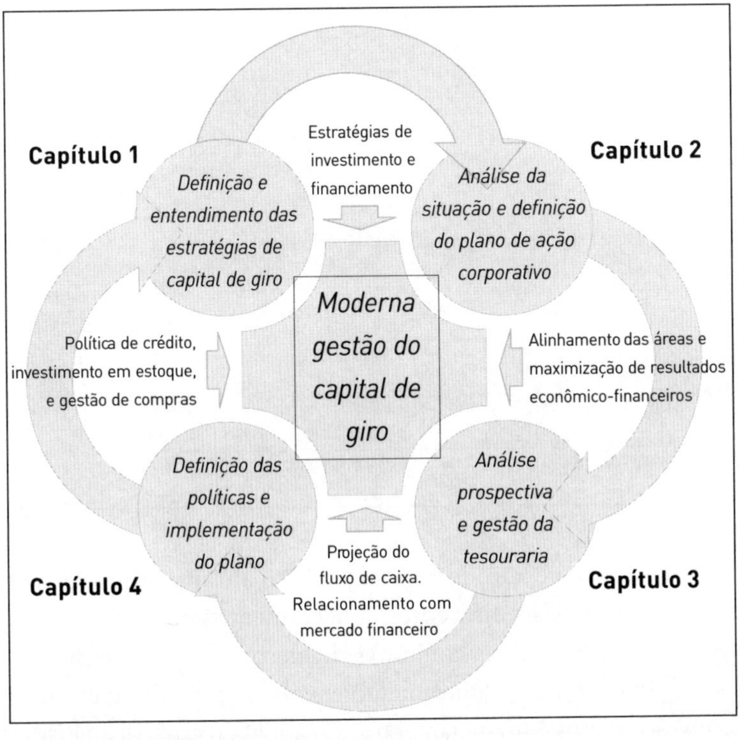

É conveniente destacar que a moderna gestão de capital de giro deve permitir a uma organização, independentemente de seu porte, natureza jurídica ou segmento de atuação, a aplicação de técnicas que possibilitem a manutenção de um processo de equilíbrio financeiro permanente. O processo correto de gestão financeira, tanto no curto quanto no longo prazo, é o fator decisivo para o alcance do principal objetivo de uma organização, ou seja, a criação de valor.

Referências

ASSAF NETO, A. *Estrutura e análise de balanços*. 9. ed. São Paulo: Atlas, 2009.

____; GUASTI LIMA, F. *Fundamentos de administração financeira*. 2. ed. São Paulo: Atlas, 2014.

____; TIBÚRCIO, C. *Administração do capital de giro*. 4. ed. São Paulo: Atlas, 2012.

IUDICIBUS, S. *Análise de balanços*. 8. ed. São Paulo: Atlas, 2007.

MARTINS, E.; ALVES DINIZ, J.; MIRANDA, J. *Análise avançada das demonstrações contábeis*. São Paulo: Atlas, 2012.

MATARAZZO, D. *Análise financeira de balanços*. 7. ed. São Paulo: Atlas, 2010.

MATIAS, A. *Análise financeira fundamentalista de empresas*. São Paulo: Atlas, 2009.

PEREIRA DA SILVA, J. *Análise financeira de empresas*. 12. ed. São Paulo: Atlas, 2013.

TRACY, J. *MBA compacto em finanças*. 2. ed. Rio de Janeiro: Campus, 2004.

Autores

José de Oliveira Guimarães
Mestre em administração pela Escola Brasileira de Administração Pública e de Empresas (Ebape) da Fundação Getulio Vargas (FGV), especialista em finanças pelo Ibmec e pela Pontifícia Universidade Católica do Rio de Janeiro (PUC-Rio) e economista pela Universidade Gama Filho. Professor convidado da Fundação Getulio Vargas desde 1994, atuando no Brasil e no exterior, e também da PUC-Rio e do Ibmec. Na FGV, atua em módulos de finanças como administração de capital de giro, análise das demonstrações financeiras, finanças corporativas, orçamento empresarial e contabilidade. Consultor nas áreas de finanças e gestão, tendo tido atuação como executivo em organizações nos segmentos de cimento, petroquímica, petróleo, seguros e varejo.

Diego Ozorio
Doutorando em finanças e análise de investimentos pela Ecole Supérieure de Commerce de Rennes (França). Mestre em administração com ênfase em finanças e análise de risco pelo Ibmec/RJ. MBA executivo pelo Ibmec/RJ. Professor convidado da FGV Management. Na FGV, atua nas disciplinas de gestão financeira de empresas, avaliação de investimentos, matemática financeira, finanças corporativas, gestão de capital de giro e análise de proje-

tos de investimento. Consultor em finanças corporativas, atuando no diagnóstico econômico-financeiro de empresas e em projetos de fusões e aquisições, bem como em treinamento nos setores de mineração, petróleo, celulose, telecomunicações, bancário, construção e energia elétrica. Autor do livro *Análise fundamentalista*, da coleção Ágora Sênior.

Este livro foi impresso nas oficinas gráficas da Editora Vozes Ltda.,
Rua Frei Luís, 100 – Petrópolis, RJ.